U0099978

中國人的故事

領袖和改革家的視野

張倩儀　主編
張倩儀　著

新雅文化事業有限公司
www.sunya.com.hk

我們想做一套有新精神的中國人故事書。

古往今來，人人喜歡聽故事、讀故事。尤其情節細膩曲折的，最能吸引，因為人天生就有好奇心。如果故事還值得細細咀嚼，反覆玩味，那麼故事的價值就會成為讀者生命的一部分。

中國人愛説故事。中國的故事經久綿長，因為這些故事植根在古老的土地上。古老的中國也有新鮮的故事，因為中國人還在這大地上生息，新故事源源不絕。中國故事的風格跟中國人一樣，直率、簡潔，充滿樂天知命、奮鬥努力的精神，有時奇幻，但總帶有人性的光輝。

少年讀者需要知道自己的文化根源，又有這年紀自有的好奇和興趣。我們按着少年讀者的認識和性情，挑選動人的中國人物故事，分門別類，點出其中歷久常新的精神，做成一套有人、有事、有主題的中國人故事書。主角不限於古，還及於今；故事是中國人的，視野卻隨着今天的世界擴展。

我們的目標是淺白而能深入，有趣味而講究根源。我相信為我們的孩子，值得花費精神去做這樣的故事書。

張倩儀

目錄

管仲的安定天下大計

管仲（公元前725年－前645年），是春秋時代早期的人，生活的時間距今約二千七百年。

管仲是中國著名的好丞相，他幫助齊國成為領袖，安定天下，得到很多人稱讚。不過，管仲最初是以犯人身分坐囚車回去齊國的！

艱苦的青少年時代

這個大丞相年輕的時候，並不得志。他出生的時代，天下大亂。本來周天子是中國的領袖，但到管仲的時候，各地的諸侯已經不聽周天子的話，諸侯國天天打仗，百姓叫苦連天。

管仲因為家裏窮，年紀不大就要出來工作。管仲從小有個好朋友，叫鮑叔牙。鮑叔牙不但跟管仲感情好，還很了解他、體諒他。例如管仲為了賺錢養家，曾經去當兵。好幾次大軍撤退的時候，他走得特別快，人人都嘲笑管仲膽小。鮑叔牙卻為他辯護，説管仲家裏有老母親，不能夠丟下母親不管。管仲去做小官，多次被辭退，鮑叔牙很同情他，認為他沒有遇到好時機。

在這個時候，你會不會認為鮑叔牙是偏幫管仲

呢？

　　鮑叔牙是真心欣賞管仲的，從他們一起做生意就知道。好朋友一起做生意，最後常常為了錢而吵架絕交，但是鮑叔牙和管仲一起做生意，卻從不吵架。賠本的時候，鮑叔牙不會怪管仲，認為做生意總會有失利的時候。賺錢的時候，管仲多要一些錢，鮑叔牙一點不生氣，他明白管仲家裏窮，要多拿錢回去養家。

　　管仲知道鮑叔牙一直體諒自己的困難，他心裏很感激。

坐囚車回齊國

　　經過很多年，這兩個好朋友一起在齊國政府裏找到工作。齊王派他們分別去幫助他的兩個弟弟。鮑叔牙被派去幫忙的，是公子小白。可是鮑叔牙躲在家裏，不肯做，他覺得小白排行最小，不會繼承王位，這份工作沒有前途。可是管仲來勸他：

　　「我們為國家做事，怎麼能推掉派下的任務呢。」管仲先從責任說起。

　　這個道理鮑叔牙心裏明白，但是他實在不願意做。管仲於是說到公子小白的優點：

　　「小白雖然年紀小，也沒有小聰明，但能夠從大處看事情。我覺得他很不錯。」

　　接着，管仲談到齊國的人心向背：「小白小時候就死了媽媽，大家有點同情他！我去幫忙的公子糾雖然是哥哥，但是大家都討厭他的媽媽，對他也沒有好感。」

　　最後，管仲勸鮑叔牙要把眼光放遠一些：「現在天下這麼亂，誰知道齊國將來會怎樣呢？我看公子糾就是繼承了王位，也不會有什麼成就。或許小白更有希望一些。」

　　這麼一層一層分析，鮑叔牙覺得很有道理，就接下這項任務。

　　沒想到後來齊國真的大亂，管仲和鮑叔牙各自護着公子逃亡。亂事平定之後，他們各自又趕快護着公

子，回去爭王位。因為齊國大臣同情小白，向他通風報信，所以小白能夠及早起程。管仲為了阻止公子小白先回國，帶了軍隊，在小白經過的路口埋伏。一見到小白，立即彎弓搭箭，把小白射死，然後和公子糾從容地回國。

沒想到小白沒有死。原來那一箭噹的一聲，剛好射中小白的腰帶扣。小白機警地裝死，等管仲退兵之後，立即趕路回國，登上王位，做了齊桓公。

這一下，管仲和齊桓公成了仇人。

幸好齊桓公想做一番事業，和鮑叔牙商量。於是鮑叔牙立即推薦管仲：

「管仲這個人，既寬厚又嚴格。在國內，他容得人，能夠愛護百姓，同時又注意維持法紀。在國外，諸侯都樂意跟他交往，因為他有誠意，有信用。他穿上戰袍做指揮，百姓立

即勇氣大增。這幾方面我都遠遠及不上他呢。我只可以幫你管好秦國，幫不了你稱雄天下。」

齊桓公很驚訝，說：「管仲幾乎殺死我，他是我的仇人啊！」

鮑叔牙於是講出從前的事，說明管仲怎麼苦勸他輔助小白——就是現在的齊桓公。齊桓公雖然有很多毛病，又愛玩，又愛喝酒，但他是心胸廣、有氣量。想了一下，他不介意用管仲，只是仍然有一些顧慮。他問：

「管仲會對我忠心嗎？」

鮑叔牙搖頭，說：「管仲跟公子糾親近，跟你疏遠，他怎麼會忠心於你呢？管仲是忠心於齊國，他對齊國是一心一意的。」

齊桓公明白了。他同意讓管仲來管理齊國。

但是管仲當時留在魯國，如果魯國知道管仲要幫助齊國，一定不放他回來。怎麼把管仲要回來呢？兩個人於是想了一道計謀。

齊桓公派鮑叔牙去魯國，說管仲是他的仇人，要把管仲抓回來，親自殺掉他。魯國信以為真，於是把

管仲鎖在囚車，由鮑叔牙押回齊國。被人鎖着回國，多麼難受呀！但管仲不計較這點面子，他也信任鮑叔牙。

管仲回到齊國，齊桓公就任命他做丞相，主持改革大計。鮑叔牙心甘情願，在管仲的下面做事。

施展富國強兵的大計

管仲的改革精神是：要趕得上時代的變化，不要老是羨慕從前，也不要只顧留戀現在。同時要明白世俗人的心思，順着形勢，引導人民，令改革成功。

改革一個國家，總是千頭萬緒的。管仲一個人做不了那麼多工作，他向齊桓公推薦了好幾個人，分別管理內政、經濟、軍隊、法院，又提名一個率直勇敢的大臣做大諫，專門指出齊國沒做好的地方。

有了這些有能力的人幫忙，管仲就騰出手來處理更重要的事了。他的目標是富國強兵，然後平息諸侯之間你打我打你的亂局，讓各國團結起來，抵禦外敵。

雖然齊桓公很想立即去爭霸天下，但是管仲知道先要富起來，才能夠去爭霸。怎樣令齊國富裕起來呢？那時候，農業是最先進的行業、最重要的收入，但是齊國在海邊，山地也多，田地不夠。管仲決定把這些缺點變成優勢，他向海採鹽，向山開採鐵礦。今天鹽很便宜，當年卻是家家戶戶都要的暢銷產品。那時候，鐵器也是新發展的工具。開採了鐵礦，用來做成先進的工具和兵器，這樣種田、做工、打仗都得心應手。

　　為了方便貿易，管仲又關心貨幣管理。為了國家有人才，還要改變找人做官的方法。他要求地方官在平民裏選人才，讓他們做小官，不再靠父親傳給兒子，兒子傳給孫子的那種辦法。

　　三四年下來，齊國的稅收增加了，政府和人民都富有了。這時候，任何人來跟齊桓公商量政事，齊桓公總是說：「你去找管仲吧。」有人問齊桓公：「怎麼什麼都叫我們問管仲呢？你這個國君也做得太容易了吧？」齊桓公說：「我找管仲多麼艱難呀！找了回來，我做國君自然就容易了。」

九合諸侯

　　當時中國各地的諸侯國互相攻打，於是山戎、北狄等外族，也乘機入侵中國。中國急需一個盟主來維持秩序，有點像現在的聯合國那樣，調和糾紛。不過起初齊國的實力還小，所以沒有什麼諸侯聽齊桓公的話。

　　有一次齊國召集各國開大會，魯國是鄰國，迫於無奈參加。因為齊國曾經三次打敗魯國，拿去魯國大片土地，魯君心裏有氣，覺得名譽掃地。帶領軍隊打了三次敗仗的曹沬，於是和魯君商量，要脅持齊桓公。曹沬說：「你來當一次有體面的君王，我當一次有體面的武將。」

　　會盟那天，魯君和曹沬都懷着劍上台。魯君趁儀式舉行時，亮劍威脅齊桓公。管仲和鮑叔牙想衝上台救援，被台階上的曹沬拔劍攔阻。在威脅之下，齊桓公答應把土地退回給魯國。開完會之後，齊桓公卻想反悔。管仲說了好多道理，勸服齊桓公把土地還給魯國。其他國家見齊國那麼有信用，於是開始支持齊桓

公做盟主。小國弱國被大國或者外族打，就來向盟主齊國求救。有一次戎狄攻入鄭國國都，鄭國百姓國破家亡，流離失所，齊桓公為鄭國找個地方重建都城，安置百姓，又把軍隊留在當地，防止戎狄再來。

還有一次，山戎攻打北方的燕國，管仲勸齊桓公出兵。齊國去救援的時候，大軍曾經在高山深谷裏迷路，幸好管仲想到老的馬會認得路，於是挑了幾匹老馬帶路，才走出困境，終於打敗山戎。燕國國君很感激齊國，他送別齊桓公，送了一程又一程，不知不覺出了燕國的地界，違反了周朝的規矩。為了讓燕國國君不要失禮，齊桓公大方地把燕國國君所到的土地割給燕國，讓燕君感動得流淚。

不過，齊桓公這個盟主有時很不理智，任性行事。幸好管仲很懂得順着形勢，把壞事變成好事。

有一次，齊桓公跟來自蔡國的夫人坐船遊玩。夫人會游泳，齊桓公不會。夫人戲弄他，拼命搖船，把齊桓公嚇壞了，連忙叫她停手。夫人不肯停手。齊桓公上了岸，很生氣，把她送回蔡國，但沒有說跟她離婚。蔡國的國君是蔡夫人的兄長，一氣之下，就把

妹妹改嫁給楚王。為了這件小事，齊桓公要去攻打蔡國。管仲不同意，夫婦之間的恩怨，怎麼要搞成國際糾紛呢？但是他制止不了。於是他心生一計，説服齊桓公去打最南面的楚國，路經蔡國時，才順便教訓蔡國一下。

楚王見齊國來打他，感到莫名其妙，匆忙發兵抵擋，並派使者去責問：「你和蔡國的恩恩怨怨，跟我有什麼關係呀？怎麼來打我？」

管仲一本正經地説：「你忘了我們共同的領袖周天子嗎？這些年楚國怎麼不向周天子送土特產呢？這是你的責任呀！」

其實楚王那裏是忘了呢，他看周朝衰弱了，就不想再承認周天子是領袖了。現在強大的齊國大軍壓境，楚王只好承認責任，立即向周天子送去土特產。管仲就是這樣利用機會，既不頂撞齊桓公，又站在道德高地上，叫諸侯國守秩序。

齊桓公是春秋時代第一任盟主，保護了許多小國，阻止了中國被外族消滅的危機。很多諸侯國都爭相仿效他，春秋時期一共有五任盟主，合起來叫做春

秋五霸。很有學問的孔子感歎說：「管仲的成就真大啊！如果沒有管仲，我們就不能束起頭髮，連衣服都要迫着改穿外族的了。」

沒有鮑叔牙　就沒有管仲

管仲幫助齊桓公四十年，成績有目共睹。他的財富比得上齊桓公，齊桓公有的，他也不缺。但是齊國的人並不批評他奢侈。事實上，管仲是一個有原則的人，他說：「禮儀教養、正義、廉潔、有羞恥心，是維持一個國家的四種力量。如果沒有禮義廉恥這四根支柱，國家就會滅亡。」

管仲並不唱高調，又重視人民的反應，他推行的政策都是簡單明白，容易執行的。例如他說衣食足然後知榮辱，就是很實在的道理。

很有智慧的老子把治理國家和煮魚相提並論，說治大國如烹小鮮。因為煮魚是不能亂翻動的，否則就會把魚弄爛了。管仲治理齊國，像不像高手在煮魚呢？

但是管仲的成就，不是他一個人的。管仲有才能，鮑叔牙有認識人才的眼光，齊桓公有用人的氣量，他們在一起，真是一個優秀的組合。

　　當鮑叔牙去世的時候，管仲捶胸頓足，大哭着說：「生我的是父母，知我的卻是鮑叔牙啊！」所以當時很多人不讚美管仲有能力，而讚美鮑叔牙的眼光。從此，我們把互相欣賞、推心置腹的好朋友，叫做管鮑之交。

商鞅變法雷厲風行

商鞅（約公元前390年－前338年）是戰國時代的改革家，以推動秦國變法而聞名。

你一定聽過秦始皇，他建立了中國第一個大帝國。可是你知道嗎？秦國最初只是一個小國，經過漫長的發展和改革，才變成大國的。

秦人很會養馬，周天子把他們封在很遠很遠的西邊，好叫他們在那兒養馬。那塊地方雖然有水有草，但是被戎族和狄族包圍着。當時秦國文化水平不高，一直到秦始皇年輕時，外地人仍在嘲笑秦國，以拍打陶罐瓦缽，嗚嗚嗚地唱歌為音樂。

秦國有好幾個國君立志要讓國家強大起來。秦國最有名的一次改革，是商鞅主持的。這次改革歷時二十多年，可以說是雷厲風行，把秦國的風俗習慣都改變了。

商鞅入秦國

商鞅是衞國的貴族，喜歡學法律和政治。他在魏國做小官員的時候，很年輕就表現出才幹，丞相公孫座很欣賞他。欣賞到什麼程度呢？公孫座突然病得很厲害，魏王來探病，問誰可以接手他的工作，公孫座

立即推薦商鞅，説他有奇才，叫魏王委以重任。

魏王聽了，嘿地一笑。公孫座知道魏王不會重用商鞅，於是悄悄跟魏王説：

「大王如果不用商鞅，一定要殺了他，不要讓他去別的國家。」

魏王答應了。他剛離開公孫座的家，就跟左右近臣説：

「公孫座真可憐啊，病到神志不清了。他叫我大用商鞅。商鞅那麼年輕，由他帶領魏國，豈不是無稽之談嗎？」

魏王不懂得欣賞商鞅，公孫座很無奈。他叫商鞅進來，抱歉地把這件事跟商鞅説了，並且通知他：

「先君後臣是我的責任。我告訴魏王，不用你就要殺了你，大王答應了。你快點走吧，不然就要被抓了。」

商鞅卻很鎮定，他對公孫座説：

「大王不聽你的意見來任用我做丞相，又怎會聽你的意見來殺我呢？」

商鞅很有洞察力，魏王果然沒有殺他。

三見秦孝公

當時在魏國西面的秦國，恰好老王死了。年輕繼位的秦孝公向全國下了一道求賢才的命令。商鞅於是去了秦國，請秦孝公寵信的宦官景監幫忙，見到秦孝公。

商鞅第一次見秦孝公，跟他講上古五帝的治國方法，聽得秦孝公打瞌睡。商鞅離開後，秦孝公罵景監：「你怎麼介紹這個妄人給我？」景監於是埋怨商鞅，商鞅說：「我跟他講最好的治國道理，他沒有聽懂而已。」五天之後，秦孝公又召見商鞅，這次商鞅跟他講實行仁政，仍然未中秦孝公的心意。孝公又罵景監，景監又去埋怨商鞅，商鞅說：「王道他聽不進去。我想再見他一次。」這次商鞅跟秦孝公講爭霸天下的方法。孝公有興趣了，跟景監說：「你介紹的這個人還好，可以談談。」

下一次見面，兩個人一連談了幾天。商鞅教秦孝公大力發展農業和軍事，讓人民拼命生產，將士爭着打仗，然後向東邊發展勢力。秦孝公聽得很有興

趣，常常不自覺湊近商鞅，幾乎離了座位。景監後來問商鞅：「你跟我們國君講了什麼呀？他高興得不得了。」商鞅説：「他嫌上古帝王的治國方法效果太慢，他要立即揚名天下，所以我跟他講令國家快速強大的霸道。」

秦國的大臣見孝公想用商鞅實行改革，議論紛紛。商鞅要鞏固孝公的決心，説：「一般人只看眼前，有眼光的人就看趨勢。跟一般人是不能共商大計的。只要有利於國家和百姓，聖人並不守着舊方法。」

大臣甘龍跟他爭辯：「聖人不用改變百姓，不用改變原來的方法，就可以治好國家。用現成的方法，人民安心，官吏也駕輕就熟。」

商鞅反駁説：「這都是世俗的話。夏、商、周三朝的制度不同，不也一樣管好天下嗎？春秋五霸也是各施各法的。一般人安於舊俗，墨守成規，沒法跟他們談變法。」

大臣杜摯從效用的角度，質疑改革：「守着原有的法度不是過失啊！如果改革沒有百倍十倍的利益，

還是不變為好。」

商鞅說：「治好國家不可能只有一個方法。何必責難改革的人，讚賞守舊的人呢！」

聽完他們的辯論，秦孝公贊成商鞅，決定變法。

大刀闊斧的改革

商鞅的改革是大規模的。因為秦國偏在西邊，很少接觸中原各個諸侯國，文化比較落後，商鞅要把秦國人的生活習慣、價值都改過來。

秦國人很勇敢，但常常打架。商鞅立法，懲罰私人打架，而獎勵作戰立功，要秦人將勇武精神用到為國打仗上面。他設計了很多級的軍功，有相應的獎賞和爵位。連貴族也要立軍功，才能夠有爵位。

秦國人本來是大家族過活的，商鞅認為限制了生產能力，要求家裏有兩個男丁的，要各自營生，否則就要收雙倍的稅。凡是做好自己的職業，耕田織布產量多的，即使是奴婢也可以回復自由；因為懶而窮的、只顧做生意不生產的，經人舉報，把他的妻子兒

女沒收做奴婢。那怕是大富翁，沒有為國立功，就沒有地位。

商鞅還設立了各家互相督促監視的法令，將十家人編為一組，如果有一家人犯法，其他人就要舉報，否則一起受罰，而且罰得很重：不舉報的，要判死刑；舉報的話，跟殺敵的功一樣，加一級爵位。商鞅用這種方法把城鎮鄉村的治安管好。這種連坐法，加上獎勵軍功，把好勇鬥狠的秦人組織成紀律嚴格的軍事社會。秦人本來的文化教育程度並不高，打起仗來又勇又狠，讓中原各國很吃不消，咬牙切齒地把秦國叫做虎狼之國。

這麼大幅度的改變，本來鬆散又衝動好鬥的秦人會跟從嗎？商鞅未頒布法令之前，先想到這個問題，於是實行了一次徙木立信的推廣宣傳。

這天，首都南門前面樹立了一根三丈高的大木頭，只要有人把木頭搬到北門，就賞十金。大家想那有這樣的怪事，都圍着看，沒有人敢搬。於是商鞅把賞金加五倍，賞五十金。有一個人大着膽去搬，果然得到五十金。於是大家相信法令是認真的。於是商鞅

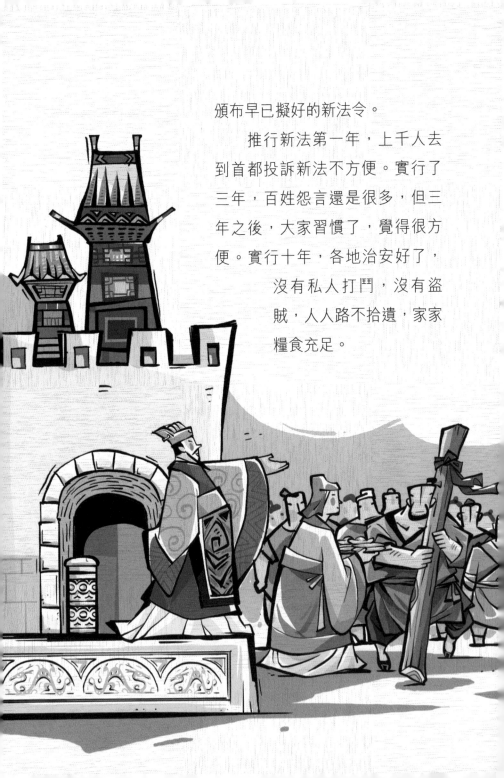

頒布早已擬好的新法令。

推行新法第一年，上千人去到首都投訴新法不方便。實行了三年，百姓怨言還是很多，但三年之後，大家習慣了，覺得很方便。實行十年，各地治安好了，沒有私人打鬥，沒有盜賊，人人路不拾遺，家家糧食充足。

當大家都服從商鞅的法令時，商鞅再進一步改革。他禁止秦人再像戎狄那樣，父子兄弟同住在一個房間，要他們分居；將鄉村和小鎮組織成為四十一個縣，設縣官治理；制定統一的尺寸、重量、容量。又把首都搬到更靠近中原的咸陽，這裏地理位置好，河流多，周朝未衰落時，首都就設在這裏。商鞅大興土木，讓咸陽氣象一新。

鐵面無私　自滿樹敵

　　商鞅對於改革很認真，不講情面，有人批評他刻薄。

　　他最初推行新法，除了人民埋怨，連太子也來挑戰法律，為難商鞅。商鞅不退縮，他說：「法令不能實行，因為上面的人也犯法。」可是太子是未來的國君，難以拿來法辦，於是就罰太子的兩個師傅公子虔和公孫賈。百姓見到貴族都因為犯法而受刑，於是不敢犯法。後來公子虔再犯法，商鞅不怕他是宗室貴族，還是按法律割了他的鼻。公子虔懷恨生氣，八年

不肯出門。

　　最初來首都投訴法令不好的人，後來又有來讚美法令方便的。商鞅也不放過這種人，説他們胡亂發表意見，把他們遷到邊遠的地方。於是沒有人再敢胡亂議論新法令。

　　秦國要對外擴張，商鞅跟孝公商量，認為秦國和強大的魏國相鄰，將來不是魏國吞併秦國，就是秦國吞併魏國。魏國剛剛被齊國打敗，秦國最好立即去攻打它，迫它遷都，將來才有機會進兵中原，稱霸天下。孝公於是安排商鞅帶兵打魏國。對方的將軍是公子卬，恰好是商鞅在魏國時候的舊相識。於是商鞅給公子卬寫信，説大家本來是朋友，現在分別為兩個國家領兵，不忍心打起來。不如見面訂和約，飲杯和氣的酒，然後退兵，讓兩國可以相安吧。公子卬沒有戒心，就答應了。沒想到見面訂約時，商鞅埋伏了士兵，把他俘虜了，再發兵大敗魏軍。魏國接連打敗仗，只好割地求和，東遷首都。魏國國君知道秦國的主將是商鞅，懊悔當年沒有聽丞相公叔座的話。

　　商鞅本來不姓商，他立了這些大功，秦國把商這

地方封給他，從此他就被稱為商鞅。

這時的商鞅真是意氣風發，對自己的功績引以自豪。秦國的貴族埋怨他，魏國的人因為他欺負老朋友公子卬，也恨他，他毫不在意。

他仍然結交有才能的人，聽他們意見。他經人介紹，認識了趙良，趙良卻說不想為他做事。商鞅問：「你不喜歡我管理秦國的成就嗎？我使秦國不再像戎狄那樣，我建設的新首都咸陽比得上中原的文化大國，我比得上秦國從前那個能幹的大臣百里奚吧？」

趙良以一句很動聽的話回覆商鞅：「一千隻羊的皮，及不上一隻狐狸的腋毛矜貴。一千個人對你唯唯諾諾，及不上一個有識見的人挺着脊梁給你講真話。能夠聽人意見，檢討自己、戰勝自己的，才是聰明人。你不學聖人堯和舜那樣修養自己，我還說什麼呢？」趙良的話太美麗太深刻了，到今時今日，中文好的人還會說「千羊之皮，不如一狐之腋；千人之諾諾，不如一士之諤諤」。

商鞅說：「批評的話味苦，卻是良藥。你就講講意見吧，我不會用權勢為難你。」

趙良於是説：「百里奚靠自己的才能，用正當的方法，讓秦國國君起用他。做了丞相，多勞累也不坐，多熱也不叫人打傘，出巡時不坐車，不用士兵護衞。他是以德服人，所以戎狄都敬服他，有才幹的人都要跟他交往，百姓都喜歡他。你呢？靠得寵的宦官來推薦。又不顧百姓死活，在新首都大興土木。一方面用嚴刑，把人民弄成傷殘，連太子的師傅也不放過，還天天處罰秦國的貴族公子。你出門時一定要有十多輛車跟着，用大力士和士兵保護。你的作為，得罪了很多人，只恃武力來維持，最後一定會失敗。你何不歸還封地，施行德政呢？否則孝公一死，你就有殺身之禍了。」

　　其實商鞅也懂得王道、德政。你記得嗎？他曾

經用王道來游説秦孝公，只是秦孝公聽不進去。這時的商鞅志得意滿，又有秦孝公支持，沒有接受趙良的意見。

作法自弊

不幸比商鞅年輕的秦孝公，比商鞅先死，商鞅大禍臨頭的日子到了。新登位的惠王，就是犯法被商鞅罰的太子。怨恨商鞅的貴族紛紛出來投訴，有人誣告商鞅要造反。

商鞅急忙逃走。他晚上想找人家投宿，但是因為有連坐法，人人怕受罰，沒有人敢收留一個陌生人。商鞅這才體會到自己的法令多麼厲害。及至他逃到魏國，魏國痛恨他背信棄義，出賣魏公子卬，不肯收容他；商鞅想離開魏國，魏國藉口説秦國會來找麻煩，不肯放行，把他遣回秦國國境。商鞅逃回自己的封地，企圖率眾進攻，被秦國軍隊所殺。秦惠王還不解恨，要用車撕開他的屍體。

雖然秦惠王殺了商鞅，但沒有廢除商鞅的改革。

商鞅讓落後的秦國變成一個軍事化管理的強國，後來秦始皇能建立一個大帝國，商鞅是有大功勞的。但秦始皇的軍事化帝國，也是恃武力壓服人，很快就被推翻了。

　　對商鞅的改革，有人讚揚，有人可惜。你又怎樣想呢？

中國人的故事

秦始皇的永恆帝國夢

秦始皇（公元前259年－前210年）是中國第一個皇帝，統一六國，結束戰國時代，建立秦朝，推行郡縣制度，修築萬里長城。

有夢想，才有創新，你同意嗎？

秦國靠如狼似虎的軍隊，打敗東方六個大國，統一天下。它的領袖叫秦始皇。秦始皇是個暴君，他繼承的是一個軍事化管理的秦國；他同時又是個大夢想家，開創了全新的管理制度，其中的皇帝制度維持了二千年！

一個新帝國

秦始皇十三歲做國君，不滿四十歲就統一天下。他要建立的帝國，跟從前的周朝大為不同。

周朝實行的叫做封建制度。就是說，周天子把叔伯兄弟分別封到各個地方。他們各自管理封地，只要共同遵守周朝的規矩，聽從周天子的命令就成。靠這種制度，周朝維持了八百年。

秦始皇面對的卻是一個新世界。

其實，從前周天子只能管理首都附近的地方。雖然他說全國的土地都是他的，全國的百姓都歸他管，但事實上，當時各地的風俗習慣不同，管理方法不

同，尤其是邊遠的地方。中國那麼大，要周天子全管起來，他沒有合適的方法，也沒有這麼多的人才。連周天子分封到中國各地的叔伯兄弟，其實也只是管着不大的一個國，周圍大片鄉野，他們也鞭長莫及。你見過人玩圍棋嗎？那時的周朝的分封，就像把好些單個的棋子分散放在一個大棋盤上，算是有個根據地，其他大部分地方都管不到。

秦始皇面前的形勢就大為不同了。經過周朝八百多年的融合，長江黃河的中下游已經打成一片，甚至北面的遼河，南面的廣東廣西，現在都在秦始皇可以控制的範圍。這樣大的國家怎樣管理呢？

丞相王綰提出要像周朝那樣分封給子弟。秦始皇不做決定，叫大臣先去討論。大臣個個都贊成，只有負責審訊刑獄的李斯反對：

「周朝分了那麼多同姓兄弟，但大家的後代慢慢變得疏遠，你打我我打你，好像仇人一樣，周天子也管不了。我看地方上還是設立郡和縣去管理好了，這樣天下安寧，不要再封諸侯國了。」

秦始皇認為李斯的意見很對。他為什麼要掃平六

國呢，不就是因為周朝分封的國弄到天下不太平，在春秋戰國時代打了五百多年嗎？現在天下平定了，又去封新的國，簡直是自找麻煩。於是他不再分封，在

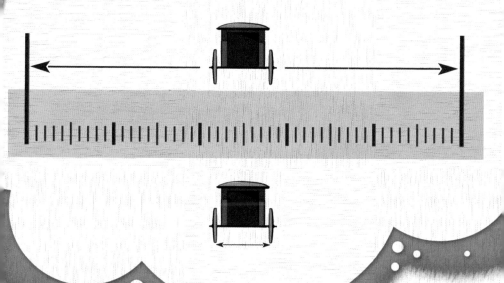

整個帝國裏實行中央政府直接管理的制度。在這新制
度之下，全國設立了三十六個郡，每個郡下面有許多
縣，這兩級機關的官員，由中央直接任命。

在這個統一的國家裏，不光行政機關要統一，凡
是影響全國溝通、交通和貿易的事物，也要統一。秦
始皇要打破從前各國寫的文字不同形狀、用的度量衡
器各式各樣的現象，他統一文字，又向全國頒下標準
的度量衡器，統一了尺寸、容量和重量制度。他還大
力發展交通，在全國開闢道路，並且把本來闊度大小

不一的車，改成標準闊度，方便在全國的路上行走。由首都咸陽到北方的長城附近，則修築了一條馳道。馳道特別平坦寬闊，有利於快速去到邊境，對抗胡人。

秦始皇要他的國家整齊規矩，讓人耳目一新。

對於他這個最高統治者該叫什麼名號，他也要創新。認為改了名號，才算成功，才能夠讓後世知道他的成就。於是叫大臣就帝號提出建議。大臣們想來想去，最後提議說：「秦王的成就，比古代的黃帝、帝堯、帝舜等五帝都要偉大。五帝要治下的諸候來朝見，來不來，他們都不能控制。秦王卻平定天下，使全國法令統一，這是自古以來未曾有過的事。我們聽說上古有天皇、地皇、泰皇，以泰皇最尊貴，所以我們建議以最尊貴的泰皇為帝號。自稱是朕，下的命令叫詔。」

秦始皇也很快做了決定，說：「不要泰字，留下皇字，加上黃帝、帝堯的帝，成為皇帝。其他的，就按大家議定的辦吧。」

他又認為在國君死後，讓兒子和臣下根據國君的

行為，給他一個諡號的做法，例如叫孝公、惠王，或者以後叫孝皇帝、惠皇帝等等，是讓兒子和臣下來議論父親和君主，十分無謂。他不要別人來評定他。那以後怎麼辦呢？他應該叫做什麼皇帝呢？他提出一個很有新意的做法，他就叫做始皇帝，也就是第一個皇帝的意思，以後以數目字編號，叫二世皇帝、三世皇帝，直到萬世皇帝，傳到無窮。你說秦始皇是不是很有新頭腦呢，連現在流行的數字編碼方法，他都用上了，為他的永恆帝國定下一個新潮編號制度。他做夢也沒有想到，他的帝國只到二世皇帝就完結了。

秦始皇定好了新制度，就時常出巡，在新開的道路上到處去。在重要的地方，例如泰山、大海邊，把自己的成就刻在石頭上，歌頌一番。跟自古以來的想法不同，他對三王五帝的評價不高，認為在三王五帝管轄之下，法令不明確，想法不接近，不過靠神鬼的講法來嚇遠方那些不明真相的人。稱王稱帝，是名實不符，竟然還刻石來記錄功跡。秦始皇對自己很有信心，他統一全國，做了那麼多規劃工作，男女各司其職，天下太平。他的成就比三王五帝高，因此更值得

刻石來紀念，讓後人記得。秦始皇所刻的石頭，有些現在仍然存在，上面的字刻寫得美極了，成為我們學習書法的材料。

短命朝代　長命制度

天下統一了近十年，秦始皇躊躇滿志。有一天，他在咸陽的宮殿裏設酒宴，大臣又一遍一遍地歌頌他。有個來自齊地的人叫淳于越的，卻把陳年舊事又提出來。他反對秦始皇的新制度，勸他還是要分封子弟做王：

「周朝能夠延續那麼長時間，是因為有子弟功臣從旁支持。現在皇上擁有全國，而皇上的兄弟、兒子卻是老百姓，萬一有什麼亂事，怎麼有人幫忙呢？不學古代的方法，是不會長久的。大臣現在只會歌功頌德，他們都不是忠臣。」

秦始皇並不是衝動做決定的領袖，於是他又把這分不分封的爭論，交給已經做了丞相的李斯來議論。李斯對這些一味只懂學古代的迂腐見解，很不以為

然。他仍然不同意恢復分封，説：

「不同時代，實行不同制度。三王五帝都不值得學，還要學周朝嗎？」

李斯還進一步針對淳于越這類人，説：

「從前各個諸侯國爭戰不休，國君為了取勝，爭相招攬那些來游説的説客。當時人人根據自己學的那一套，來評論現實情況。以古代怎麼怎麼樣，來批評當下應該怎麼怎麼樣，講了許多虛話。皇上現在已經統一天下，這些人還議論紛紛，硬是要講不同的意見以表現自我。我請求禁止這種情況，把各種書都毀了，只留下種田看病這些實用書。要學習的話，就向官吏學吧！」

秦始皇聽了，認同李斯的意見，於是在全國沒收了很多書，統統燒掉。有些人捨不得手上珍貴的書，冒着危險，把書埋在地裏，砌在牆裏。幸好當時的書是用竹和木做的簡，後來挖掘出來，還能夠讀，中國的學問才沒有被秦始皇毀掉。

秦始皇的軍隊對內控制着百姓，不許他們亂發議論。對外也實在厲害，把強大的匈奴打得避到大漠深

處。他命令大將蒙恬由西至東建了一條萬里長城，保護他的大帝國。他在這個固若金湯的帝國裏，做着永恆帝國夢。

秦始皇做夢也沒有想到，他一死，那些受不了秦國高壓統治的六國後人，就揭竿而起，沒多久就把他的短命帝國推翻了。

後來做皇帝的人，認為沒有分封，是秦國短命的原因，曾經把封建制度再搬出來。接着發覺分封子弟，確實像李斯所講，會引起禍亂，於是又恢復走中央政府直接管理地方郡縣這條路。秦朝沒有萬世皇帝，但秦朝的皇帝制度確實綿延了很長時間，二千多年後，才被孫中山推翻。從1912年開始，中國才沒有皇帝。而秦始皇統一了全國文字，也確實有利於全國溝通。二千多年來，讀書人在中國境內，就算聽不明對方的口音，也可以用筆談來互相了解。秦朝開始的這種有統一文字、沒有統一語言的制度，也是到最近一百年，才因為時代變化，要求快捷溝通而改變，制訂了全國通用的語言。

北魏孝文帝的抉擇

北魏孝文帝（公元467年－499年）是鮮卑人，名拓跋宏，在位28年，以推行漢化政策著名。

做領袖很不容易。走到岔路口的時候，人人都有不同意見，領袖就是權衡輕重，決定前路怎麼走的人。至於作為一國領袖的皇帝，一個決定會影響國家、影響民族，更是責任重大。

北魏的孝文帝決定遷都去洛陽，就曾經震驚全國，改變了北魏和他的族人的前途。

中國皇帝之夢

北魏是由鮮卑人建立的，孝文帝是個鮮卑族的皇帝。但是他繼承祖先的事業，要做全中國的皇帝，於是用極大膽的方法，推動鮮卑人跟漢人混合。

因為漢朝很強大，所以自漢朝以來，中國人就稱為漢人。那麼鮮卑人又是什麼人呢？鮮卑的祖先本來住在大興安嶺的森林裏，以打獵為生。他們用了幾百年時間，克服許多艱難，搬遷到蒙古草原來生活。恰好這個時候，漢朝衰落，天下大亂，鮮卑就跟許多外族一起入侵中原，佔了黃河流域的地方。漢人把匈奴、鮮卑這些外族統統稱為胡人。漢人向南逃跑之

後，胡人在北方黃河流域先後建立過十六個小國。各國互相攻擊，令留在北方的漢人飽受戰爭的痛苦。

孝文帝的祖先建立了魏國，把小國統統打敗，統一了北方，所以我們叫它北魏。

孝文帝登上皇位時才五歲。他是祖母養大的，廿三歲之前，很多政策都由祖母代他決定，但是祖母死後，他不但繼續祖母的政策，還充份表現出自己是個雄才大略的皇帝。

孝文帝常常想：「我的祖先勇敢地離開森林，又辛苦地打入中國，統一了中國北方。之前那麼多胡人小國都消失了，而我們魏國已經立國一百多年，應該怎樣發展下去呢？我們鮮卑人雖然管着漢人，但是靠的是武力，如果沒有文化，恐怕終究管不住的。我要提高鮮卑人的文化，並且打敗漢人在南方的齊國，統一全中國。」

主動求變

孝文帝的祖母是個漢人，姓馮。因為做大臣的

父親犯了大罪，她被罰入宮做奴婢，後來竟然成為皇后。孝文帝小時，她以太后的身分，主持國家大事。她給官員發薪俸，以免鮮卑權貴從前靠打仗搶掠財寶，現在當起官來，不免貪污財物，剝削百姓；她給國民發田地，讓因為戰火而荒廢的農田有人耕種；她設法不讓地方的豪強隱瞞戶口，逃避納稅和服役。這些措施都不是只會打仗的鮮卑人所懂的。

公元490年，馮太后不夠五十歲就去世了，魏國這輛大車要由二十三歲的青年孝文帝駕駛了。他不但沒有改變祖母的路向，還快馬加鞭，要族人全盤接受漢人的文化，包括生活習慣！

那時候，北魏的首都叫做平城，在今天山西省的大同。孝文帝嫌它位置太北，決定把首都搬到漢人的文化中心洛陽，以便把鮮卑人的舊習慣連根拔起。他下了這個決心，但是不動聲色，悄悄想辦法。

有一天，孝文帝宣布，他要出兵攻打南方的齊國。他叫人占卦，看上天的意見，結果得到「革」這卦。孝文帝很高興，因為革代表改變。於是他跟大臣說：「周朝革命也是卜到這卦，這卦是個好兆頭。」

大臣都不敢吭聲。

皇叔拓跋澄卻説：「周朝的開國之君得到這卦，當然是好兆頭。皇上已經是皇帝，怎能説革命呢？這恐怕不完全是吉利的卦。」

君臣兩人都拿《易經》的道理來支持自己，最後孝文帝生氣地説：「國家是我的，你想挫大家的鋭氣嗎？」

拓跋澄冷靜地説：「國家是你的國家，但臣子我也是國家的臣子，我要盡忠表達意見。」

孝文帝計劃受阻，生氣了好一陣才説：「無所謂吧，我們各抒己見而已。」

回到宮裏，他立即把拓跋澄召來，還未等皇叔走上台階，遠遠就喊説：「我還想跟你講剛才的事。」等到來到跟前，孝文帝説：「我在大庭廣眾表示生氣，是怕大家聽了你的話，爭相發言，破壞了我的大計。」

兩個人坐定之後，孝文帝説：

「我們興起於北方，現在雖然富有四海，但是平城是用武的地方，要實行文治，十分困難。」他看了

皇叔一眼，提出他的計劃：「我想遷都到洛陽，你同意嗎？」

沒想到拓跋澄一聽，十分贊成。於是孝文帝放心說出自己的疑慮：「鮮卑人留戀這裏，忽然要他們遷去洛陽，恐怕會驚擾一番。」

拓跋澄安慰他：「這是大事，一般人怎會明白呢？只要你下定決心就成了。」

孝文帝得到皇叔支持，信心大增。

遷都洛陽　實行漢化

於是孝文帝打着南征齊國的旗號，帶了大隊人馬南下。沒想到一路都下大雨，人馬困乏，大臣都攔在孝文帝的馬前，勸他回頭。

孝文帝一身軍服，拿着馬鞭說：「今年夏天炎熱，秋天自然多雨，到初冬就會好的。我們已經來到這裏，怎麼能停下來？」

大臣們還是苦勸。一向盡心為國的李沖說：「這次行程，皇上獨排眾議，所有人都不同意。就是殺了

我，我也要請皇上三思。」於是一羣文武大臣、皇親國戚都流淚力勸。

孝文帝說：「大軍出發，怎能夠無功而回！我的祖先世世代代住在森林和大漠，為了王業，為了後人的好前途，一路南遷，到達平城，也是違反大家意願的。如果大家不想再向南進軍，那我們就遷都到這裏吧！你們贊成的站到左邊，不贊成的站到右邊。」

許多人走到右邊去。幸好這時王族裏的拓跋楨振臂一呼：「非常的人才能做非常的事。以洛陽為首都是有利天下人的好事。」算是壓住了場面。

但是洛陽經過連年戰爭，一片頹垣敗瓦，還未修復。李沖請孝文帝暫時回平城，等修好了皇宮再遷來。孝文帝怎麼都不答應，寧願暫時住到附近的鄴城。

不過，他知道遷都這樣重大的事，最好照顧一下大家的想法，於是派皇叔拓跋澄回去，設法說服留在平城的官員。這個消息果然把大家嚇了一跳，拓跋澄給他們大講古今歷史，他們才不再反對。

遷都到洛陽之後，孝文帝逼着鮮卑人漢化的政策

接二連三。要鮮卑人都穿漢服；皇族結婚要找漢族的大戶人家；搬到洛陽的人，死後不能回到平城下葬。

他又命令三十歲以下的鮮卑官員不許在朝廷講鮮卑話，三十歲以上的，怕難以適應，可以通融。這件事漢人大臣李沖不同意，説：「各地語言不同，誰的才算對的？皇上説的話，就是正音，何必要改呢？」漢族官員不主張廢除鮮卑話，孝文帝竟然責怪他對不起魏國。

孝文帝可以説是雙語人才，他説鮮卑話，但鮮卑沒有文字，所以孝文帝從小熟讀中文經典，中文修養不錯。

有一次他回平城途中見到十幾顆大松樹，於是寫了一首詩。這時皇弟元勰離他十多步，孝文帝叫人拿給元勰看，又説：「我雖然不像曹植那樣七步成詩，但也沒有差很

多步。你也來作一首吧！走到我身邊就要作好。」元
勰的文才是有名的，於是一邊步行一邊作：「問松
柏，松柏經幾冬？山川何如昔，風雲與古同。」孝文
帝大笑説：「你這詩是拿我開玩笑吧。」

　　看來孝文帝和他的鮮卑皇弟都是隨口就可以作中
文詩的。

　　改完語言，孝文帝還要鮮卑人改姓名。他帶頭
將自己皇家的姓「拓跋」改為「元」。為什麼要改姓
名呢？因為鮮卑話跟中文不同，鮮卑的姓名用中文讀
起來都很長，漢人叫不慣長。例如北魏第三個皇帝拓
跋燾，連姓帶名，應該叫做「拓跋佛里伐」。將鮮卑
姓名改為漢式姓名的話，鮮卑人與漢人的分別就減少
了。

誰反對都不管

孝文帝鐵了心要發展魏國。但他的太子首先適應不了，既不肯講中文，也不肯穿漢服。他比較肥胖，嫌洛陽熱，老是想着回平城。竟然趁孝文帝離開洛陽時，殺了他的漢人老師，要逃回平城。孝文帝很生氣，要廢了太子。很多大臣來求情，孝文帝都不聽。

不光太子不喜歡漢化，平城那裏也有很多鮮卑貴族反對，他們恨孝文帝在洛陽任用很多漢人。於是由老臣子穆泰帶頭，聯絡一大批皇族，密謀做反。孝文帝派皇叔拓跋澄去收拾他們。拓跋澄雖然在生病，聽了任務，爽快地說：「穆泰這幫蠢人就是眷戀平城，沒有什麼深謀遠慮，這點小事很易辦，皇上不用擔心。」果然這件事拓跋澄辦得漂亮極了，被他抓起來的王公大臣，沒有一個喊冤枉的。孝文帝高興得對其他皇族說：「這件事如果由你們來辦，肯定辦不成。」

孝文帝大概是個要求完美的人，你難以想像他推行漢化多麼認真。有一次他出行，由他極為信任的

拓跋澄留守洛陽。啊，對了，這時已經改了姓，應該改叫元澄了。孝文帝回到洛陽的時候，見到一個坐車的婦女穿鮮卑的衣服。他一上朝，立即問元澄：「禮教是國家的根本，我離開洛陽這些日子，禮教有進步嗎？」元澄不知道怎麼回事，於是說：「我覺得有呀。」孝文帝說：「我昨天就見到一個婦女穿鮮卑裝。你怎麼不留心？」元澄辯說：「還是不穿的人比較多吧。」孝文帝說：「難道你想要全城都穿鮮卑裝嗎？古語說一言喪邦，大概就是你這樣的。」他叫身邊的史官把這件事寫下來。回頭又問元澄：「你在這裏是為我主持綱紀，還是只是署理工作呢？」元澄也不鬆口：「我是署理一下罷了。」孝文帝不放過他，說：「那找個能幹點的官來做就成了，還用找你嗎？」

南征

　　孝文帝定都洛陽之後，下一個目標就是打敗南齊。

他念念不忘洛陽在河邊，有水運的優勢。有一次他去東面的徐州，回程時就想試試從黃河經洛水回洛陽。但是黃河水流急，負責的官員怕翻船，勸他還是走陸路。孝文帝明白他們是誠心誠意的，只好說明：「平城沒有河運，經濟難以發展。我以洛陽為首都，就是貪圖它四通八達。但人人都怕黃河水流急，我此行一定要走黃河，就是想開導百姓的心。」

　　孝文帝還盤算怎樣利用河流，由洛陽直通到淮河，那兒是南齊的邊界。有一次，他在洛陽的大湖划船，跟大臣提到他的運河計劃：「我想從這裏鑿一條運河通到洛水。等我們打南齊的時候，就可以由這裏經洛水、黃河、汴河，入清河，去到淮河。這是件軍國大事，如果開鑿這段運河要兩萬以下人力，六十個工作天，我們可以動手做。」可惜這個運河計劃，最後因為財力不夠，沒有完成。

　　接下來三年，孝文帝多次攻打南齊。沒想到他三十三歲那年，在攻打南齊回程的路上，竟然一病不起，沒有完成他的統一中國計劃。

　　他更不願見到的，是他死後二十多年，北方那

些鮮卑軍人大規模反叛。這些保留鮮卑風俗的軍人經常被漢化了的鮮卑貴族瞧不起，兩批人的隔膜越來越大，終於不可收拾。亂事經過七年才結束，北魏從此走下坡，在孝文帝死後不夠四十年就滅亡了。這真是孝文帝始料不及的。

孝文帝風塵僕僕，布置了那麼多長久之計，北魏還是滅亡了，但是孝文帝的遠見和魄力還是受人敬佩的。而北魏對中國的貢獻，也沒有被人遺忘。大家盛讚的隋唐盛世，有很多制度是北魏時開創的，其中孝文帝和馮太后都有功勞。隋代的大運河，也有孝文帝計劃的影子。

至於鮮卑人現在在那裏呢？告訴你，在漢人裏。今天中國的漢人，不純粹是漢代的漢人了，因為隋唐的漢人裏就混了鮮卑和許多胡人的因子。

唐太宗的胸襟

　　唐太宗（公元598年－649年）是唐朝第二個皇帝，年號貞觀。在位二十三年，文治武功鼎盛，歷史上稱為貞觀之治。

由秦始皇到清朝，中國的皇帝不下二、三百人。而首屈一指，人人都稱讚的皇帝，是唐太宗李世民。他為唐朝奠下基礎，開創治世，同時在唐朝西面北面的民族裏，也很有威望。這些民族把王叫做汗，唐太宗被他們尊敬為天可汗，就是王中之王的意思。

有勇有謀

唐太宗生在有權勢的家族，這固然有助他出人頭地，但是他的性格和能力，也很出色。

他是一個有決斷力的人。當隋煬帝躲在江南玩樂，弄得民怨沸騰的時候，各地都有人起兵，而李世民的父親鎮守山西，還在猶豫要不要反隋。李世民促使父親當機立斷，並且儘快佔領首都所在的關中，創造有利的形勢。到隋朝大勢已去，李世民又接二連三打敗割據各地的軍隊，對建立唐朝大有功勞。

他的勇氣和應變能力也很出色。當時，北方的突厥族很強大，加上隋朝大亂，很多中國人逃到北方，更增加了突厥的勢力。東西兩個突厥汗國控制了廣闊

的草原，由東面的大興安嶺到西面的新疆地區，很多民族都俯首稱臣。突厥時常進入中原搶掠牛馬和人口，剛建立的唐朝經常給突厥送絲綢送錢，應付突厥的需索。

唐朝立國第七年（624年），東西突厥的可汗聯合進兵中原。李世民受命去抵抗，但是遇上霪雨連綿，糧草運送受阻，令李世民和手下大將很擔心。正當大軍等待糧草而駐紮下來的時候，兩個突厥可汗突然帶了上萬人馬，在城西的高地上叫陣，使唐軍將士大吃一驚。這時候，李世民親自帶領一百人馬，馳騁到突厥的陣前，説：

「國家跟可汗你曾經立過盟約，你怎麼不遵守？我是秦王李世民，我就只有這一百人馬，可汗如果在陣裏，請他出來，我們單獨決鬥好了。」頡利可汗聽了，懷疑他故布疑陣，笑而不答。

李世民又走前一些，對突利可汗那邊説：

「你跟我訂過盟，有急難的時候要互相救助，你怎麼不念這香火之情？」突利可汗也是笑而不答。

頡利可汗聽到香火之情這説法，懷疑起突利可汗

來。他命令人馬稍為退卻，派人對李世民說：

「秦王不必渡河，我沒有惡意。我們的進退由突利可汗決定。」

於是李世民籠絡突利可汗，離間他們兩叔姪。因為突利可汗不想作戰，迫得頡利可汗也沒法進攻。

但下一年李世民剛剛登上帝位，頡利可汗又打進來，兵臨渭河，使首都長安也要戒嚴。頡利可汗派出

親信來見唐太宗，揚言兩個可汗的百萬
大軍已經到達。唐太宗不受威脅，他扣押
起使者，自己帶了幾個人到渭河邊，責怪對岸
的頡利可汗負約。突厥許多部落的統帥見他幾乎單
人匹馬來到，大為吃驚，佩服不已。不久唐的大軍到
達，頡利可汗見唐軍陣容整齊，而自己的親信又被扣
留，也暗暗擔心。

太宗這次實在很冒險，大臣苦苦攔着他的馬，勸他不要輕敵。太宗説：「你有所不知了。突厥敢長驅直入，是估計我剛剛登位，不敢跟他作戰。如果我閉門不出，他們一定大肆搶掠。我故意輕車簡從來到前線，表示我輕視他的大軍；又炫耀軍容，讓頡利可汗知道我不惜一戰。他們深入我境，心裏不免虛怯。唐朝是強是弱，就在今天這一步了。從今以後，我要制服突厥。」果然，頡利可汗權衡一番之後，提出和談。於是太宗和頡利可汗在渭河的便橋上殺白馬，再訂盟約。

　　其實太宗也不是逞匹夫之勇，他早已調動軍隊，在北面的必經之路埋伏。如果真的打起來，就可以兩面夾擊。當時唐軍將士也都磨拳擦掌，要跟突厥打一仗，但是唐太宗考慮到國家需要休養生息，還是不要輕啟戰端為好。後來頡利可汗回到草原，送來大批馬和羊，太宗沒有收下，只要求他把掠走的中國人送回來。

　　唐太宗決心消除北方的威脅，後來果然大破東突厥，俘虜頡利可汗。西突厥也不敢再犯境。

容納人才　得道多助

　　唐太宗自己固然智勇雙全，他手下的文武人才也很多。有些早就在他手下做事，例如皇后的哥哥長孫無忌，以及有「房謀杜斷」之稱的謀臣房玄齡、杜如晦；有些是他東征西討時逐步招攬的，很多本是敵軍的大將，甚至曾經大敗唐軍。但只要是人才，唐太宗並不敵視，收容之後，也不猜疑。像李靖便是他父親李淵的仇人。李靖出身名將世家，他的舅父是隋朝大將韓擒虎。李靖知道李淵想起兵反隋，準備向隋煬帝告發他，但不幸被抓住。李淵決定殺了他，李世民為他求情，收容在自己帳下。

　　由於唐太宗李世民的戰績彪炳，他的武將赫赫有名，民間津津樂道，於是給他的手下大將編了很多故事。像李靖，被附會為托塔天王，在《西遊記》裏，成了哪吒的父親，率領天兵天將捉拿孫悟空。而勇猛冠三軍的尉遲敬德和秦叔寶就變成一對門神，被貼在大門上做保護神。更有趣的是程知節，民間說的「半路殺出個程咬金」，就是他。程知節本來用長槍，很

能打仗，民間故事裏卻說他用板斧，而且只懂三招，但又經常逢凶化吉。俗語嘲笑人招數不多，説他只有三度板斧，就是從這些故事來的。

虛心納諫

唐太宗李世民的成就這麼出色，換了是你，你會不會驕傲自滿起來呢？

唐太宗大概也很滿意自己的表現，但是他眼見隋朝那麼強大，卻在短時間裏滅亡，他告誡自己千萬不要重蹈覆轍。不過，人總有弱點，靠自己一個人的智謀和自制，難免會犯錯。所以唐太宗做了皇帝之後，很重視聽大臣的意見。他盡量和顏悦色，用各種方法引導大臣直言，凡是用心勸諫他的，他就賞賜很多東西。

在唐太宗的大臣裏，最敢於直言勸諫的是魏徵。

魏徵本來是唐太宗的對頭人。他出身於另一支軍隊，跟隨領袖投降給唐軍。唐太宗的兄長李建成聽聞魏徵的名聲，就收容在自己帳下，對他很客氣。

唐太宗雖然戰績彪炳，但是他在兄弟裏排行第二。按中國的傳統，帝位是由嫡長子繼承的，因此李建成被立為太子。魏徵身為太子的謀臣，見到李世民功勳卓著，除了鼓勵太子爭取領兵打仗，建立戰功，也請太子及早為計。太子忌諱李世民，連結起三弟排擠他，又設法調走李世民身邊的人才，衝突一觸即發。李世民決定先發制人，趁上朝去見父王的時候，埋伏在皇宮北面的玄武門，射殺太子和三弟。這件事是唐太宗生平的一大污點。

　　唐太宗殺了兄弟之後，責問魏徵為什麼離間他們兄弟的感情。魏徵是個性格耿直的人，當大家擔心他性命難保的時候，魏徵神色不變，從容地說：「太子如果聽我的話，一定沒有今天的大禍。」

　　唐太宗聞言，當堂收起怒火，禮待魏徵，還讓他出任大官。魏徵也盡心盡力，前後就二百多件事對唐太宗的決定提出反對意見。大至國家大事，小至皇家私事，只要他認為不利於治理，他都勸諫。

　　就以幾件國家大事為例。唐初人口少，士兵人數緊張。國防部門主張降低兵役年齡，把十八歲以上

的男子徵召入軍隊。魏徵駁回了三四次，唐太宗生悶氣，但忍隱未發。國防部門也不罷休，又上奏說調查的時候，發現未夠十八歲的男丁，有些很壯健，建議也徵召。唐太宗立即寫命令書：即使未滿十八歲，只要體格合適，就召入伍。怎料魏徵押下他的勅書，就是不簽署。按法規，皇帝的命令要加簽才能執行。唐太宗叫魏徵來，板起面孔說：

「我真不明白你們怎麼這麼固執！瘦弱的男子，我們自然不選他；把健壯的選入伍，對你們有什麼妨礙呢？」

魏徵也很嚴肅地回答：「弄乾池塘，當然捉到魚，但明年就沒有魚了。把未到年紀的男丁也徵入伍，誰來種地交稅，誰來做公務呢？何況如果士兵沒有戰鬥力，再多也沒有用。不如精簡隊伍，好好對待兵員吧。」

魏徵還不客氣地進一步說：「皇上經常說要以誠信待人，自從登位以來，有三幾件大事都是不守信用的，怎麼取信於人呢？」

唐太宗在西域有名聲，西域的國家想入貢，這是

許多中國皇帝夢寐以求的事。魏徵擔心中國的戰亂才平定不久，稍有勞役，人民就騷動。他勸唐太宗打消美夢：「入貢國家的人員到了中國，食宿都要沿途的地方政府供給。十個國家的使團，人員上千人，地方政府怎麼應付呢？」

唐太宗做了皇帝許多年，國家安定下來，有官員慫恿唐太宗到泰山舉行封禪大典禮，祭告功績。這是中國皇帝的最高榮譽，唐太宗當然心動，可是魏徵又反對。唐太宗跟魏徵說：「你好好給我講講為什麼要反對。是我功績不高？仁德不好？國家不富裕嗎？」魏徵說：「皇上的功績夠高了，但人民未稱心滿意；仁德夠厚了，但覆蓋面不夠大；年年豐收了，但糧倉還未滿。舉行大典，一定有許多國家派人來參加典禮，現在華北平原仍然很蕭條，這些國家見到千里沒有人煙的景象，我們豈不是自暴虛弱？一個人病了十年，剛病好，你就要他背起一石米走一百里，那怎麼成？萬一再遇到天災，百姓議論起來，皇上後悔莫及。」於是唐太宗作為中國首屈一指的皇帝，從來沒有舉行過封禪大典。

國家大事之外，皇帝的私事如果影響到人民的觀感，魏徵也干預。長孫皇后為唐太宗挑了一個十六七歲的大美人，唐太宗已經同意她入宮，魏徵反對，説聽聞這個少女已經許配了人家，皇上不能夠搶了人家的妻子。

　　唐太宗疼愛的女兒要出嫁，想給她極豐厚的嫁妝，比她的姑姑還多。大臣沒有反對的，魏徵卻阻止，認為愛女兒的感情不必用嫁妝來表現，嫁妝比姑姑還多，沒大沒小，不合禮制。

　　有一次，一個宮女到遠處辦事，住在官方賓館。剛好大臣王珪和大將李靖也辦完事到達，接待的官員只得另外找個地方給宮女住。唐太宗罵王珪和李靖作威作福，欺負他後宮的人，要罰他們。魏徵曉以大義，指王珪和李靖是皇上的得力助手，他們為國辦事，要在官方賓館接見官員。而宮女只是皇后的婢女，只要有吃有住就成了。如果因此懲罰官員，豈不嚇壞天下人！

　　還有一件事，也涉及皇室人員和政府官員的身分問題。大臣提出三品以上大官員在路上遇見親王要下

轎下馬，不合規矩。唐太宗說：「你們這些公卿大臣那麼矜貴，難道就應該看輕我的兒子嗎？」魏徵支持上奏的大臣，說：「從古到今，親王的位階都在三品以下。要國家最高級官員為親王下轎，古代沒有，也違反今天的國家規矩。」

還有一次，大臣房玄齡遇到工程部官員，問皇宮北門正在做什麼工程。唐太宗知道了，覺得房玄齡管到他頭上，於是叫他管好朝廷的事，少來管他的皇宮。房玄齡道歉。魏徵說：「我不明白皇上為什麼怪責房玄齡，他又為什麼要道歉。房玄齡是大臣，有什麼工程，為什麼不要他知道？事情總有利有害，工程也有大有小。皇上做的是好事，他應該幫忙，如果有問題，也應該勸阻。這是他的職守，怎麼只懂得謝罪道歉！」

魏徵以道理勸唐太宗要克制物慾、虛榮心、自尊心、驕傲、衝動等等個人感情，以上這些規勸，唐太宗都接受了，連長孫皇后也很欣賞魏徵盡忠敢言，給他送去賞賜。不過，任何人常常被人嘮嘮叨叨，總會覺得不開心。有一次，魏徵又進諫，唐太宗忍耐着，

回到後宮見到長孫皇后，不禁大發脾氣，説：「我一定要殺了這個鄉巴佬。」皇后聽了，回宮換上最隆重的衣服來見唐太宗，令他大惑不解。皇后説：「我聽説主上賢明，臣下就忠心正直。魏徵這麼忠誠，我怎麼不恭喜皇上呢？」

私底下，太宗對自己那麼虛心納諫，有點自豪。他對魏徵説：「你幫助太子建成，罪名比管仲射中公子小白的腰帶扣還重，而我重用你，還超過管仲呢。」有一次飲宴，長孫無忌坐在魏徵附近，因為記着他協助太子的舊事，心裏仍然不忿。唐太宗跟長孫無忌説：「當時我也恨他。現在我重用他，他也盡心阻止我犯錯。我們無愧於書上那些古人事跡呢！」

魏徵也很會講話，說：「陛下引導我們提意見，我才敢進諫，如果皇上不接受勸諫，我又怎敢犯龍鱗？」

唐太宗年輕時東征西討，沒時間多讀書，他知道這是個缺點。而魏徵負責整理過皇家藏書，讀書很多。從小喜歡看游說、議論的書，知道引用古書時要切合現實，文才又好，所以提意見的時候，能夠以道義為基礎，既舉時事為證，又能夠旁徵博引，令他的勸諫容易被唐太宗接受。

唐太宗做皇帝的時期，唐朝蒸蒸日上。他回憶即位初期：「當時有些人勸我，做皇帝一定要威權獨運，不可以委任羣下；要炫耀兵力，懾服四夷。只有魏徵勸我少用兵，提倡文化，講仁德，施恩惠，他說中國既安，遠人自然佩服。我聽他的話，所以天下大安寧，僻遠地方的君長都來朝貢。這都是魏徵的貢獻。」

唐太宗說以史為鏡，可以知興替；以人為鏡，可以明得失。魏徵就是唐太宗珍惜的一面鏡。

王安石不怕天變

王安石（公元1021年－1086年），宋朝的改革家、文學家，唐宋八大文學家之一。

宋朝是一個文化特別燦爛，而軍事又特別弱的時代。

　　文化興盛，是因為中國發明的印刷術，在宋朝大放光芒。由於出版興盛，讀書的人很多。他們只要考上科舉考試，就可以做官，不像從前那樣，講究家世和血統。政府由文人掌握，稱得上「滿朝朱紫貴，盡是讀書人」。宋朝最出色的文學家和藝術家，往往又是朝廷的官員。文人不但做官，還帶兵守衛邊界。在荒涼的邊境，填寫着「人不寐，將軍白髮征夫淚」的歌詞。

　　宋朝的生活也很富裕自在，生活用品精緻極了，商業又繁華。城市居民還可以逛夜市，這也是世界首創的。《清明上河圖》這幅畫，就是畫宋朝首都的繁盛情景。

　　那麼做宋朝皇帝，應該很輕鬆吧？你錯了！宋朝有很多隱憂，做皇帝的可頭痛呢！

　　公元1048年，一個孩子呱呱墮地，他是未來的皇帝宋神宗。他一生人最佩服的導師王安石，這一年已經二十七歲了。二十年之後，青年宋神宗第一次見

到王安石，他們雖然是君臣，但是情同父子。兩個人聯手，推行了一次大改革。

王安石的抱負

王安石自小就很有才華，十七歲時立志發憤讀書，以造福人民為抱負。跟許多讀書人一樣，他因為科舉考試成績好，做了國家官員。

王安石文章寫得好，詩也有才氣，科舉考試重視寫詩、寫文章，怎會難得到他？但是他不同意科舉考試偏重詩文，認為不是培養治國人才的方法。他主張辦學校。

對天下大事，他有很多與眾不同的見解。

平常人考上科舉，都想到中央做官。王安石卻不一樣，他認為做地方官，可以了解民間的實際困難。做過十幾年地方官，他已經很有歷煉了，才到中央政府做官。

當時考上科舉的讀書人，都是社會精英，叫做士大夫。王安石跟很多士大夫是好朋友。剛才不是說宋

朝很重視寫文章嗎？王安石的議論文寫得很出色，是宋朝六個文章大家之一。

另外五個文章高手是歐陽修、曾鞏和蘇家三父子——蘇洵、蘇軾、蘇轍。曾鞏跟王安石認識不久，就向老師歐陽修大力推薦他；歐陽修是大文豪，讀了王安石的文章，也很欣賞，請求皇帝提拔他。蘇軾是大才子，詩文書畫都出類拔萃，他比王安石小十幾歲，對王安石很尊敬。

在士大夫的圈子裏，王安石的名聲很響亮。許多人對王安石的言論很佩服，不斷向人稱讚他。未見過王安石的都想結識他，又怕他性格清高，像個隱士，沒有機會見到。

為什麼大家覺得王安石像個隱士呢？因為大家聽聞，王安石好幾次推掉朝廷的任命，不是說身體不好，就是說要孝順母親。傳說有一次朝廷要他做編修《起居注》的官，負責送任命書給王安石的人來到他家，他竟然躲到廁所裏！那人只好把任命書放在書桌上。等他離開之後，王安石從廁所出來，在書桌上見到任命書，連忙叫人送回去。編修《起居注》，等於

為皇帝寫日記、編日記。這日記皇帝是不能看的，只給將來寫歷史的人參考。做這樣的職位，代表你文章出色，又能夠親近皇帝，許多人夢寐以求，王安石卻推辭不做。

王安石的抱負是為國家做事。他寫過萬言書給皇帝，提出改革意見，但是他的萬言書沒有受到重視。

終於見面

宋神宗還是太子時，也聽過王安石的大名。他跟老師韓維讀書，每次韓維給他講出一番精彩的見解，就會告訴他：「這是我朋友王安石的見解。」太子很仰慕王安石。可是，他做太子那幾年，王安石推掉所有官職，住在南京。太子沒辦法見到他。

太子二十歲那一年，父王去世，他登基成為年輕的皇帝宋神宗。負擔起一個大國家，他很煩惱。他知道政府收到的稅不夠開支，庫房沒有錢；他明白政府官員太多，拖拖拉拉不做事；他擔心北方的遼國和西夏會入侵，而宋朝雖然士兵多，但是打不了仗，還

要花很多錢養着。長此下去不是辦法，他很想實行改革。

他想到王安石，提出召見他。但是神宗心裏患得患失，怕王安石不肯做官。沒想到王安石竟然來了！年輕的宋神宗很高興，第一次見面，他就提出一連串問題：

「國家問題多，應該怎麼辦？」

王安石簡要地答：「選對方法最要緊。」

「為什麼國家那麼多難題，我的祖輩卻管了百多年，仍然平安無事？」

這個問題三言兩語講不清楚，王安石於是答應心急的皇帝，回家給他寫一篇長文。

其實王安石心裏明白，從前的皇帝雖然努力，但是大家貪圖安樂，整個社會只見到眼前繁華，天下能夠太平，只是幸運。

神宗雖然心急，但王安石不急於改革，他明白全國墨守成規，官員習慣得過且過，改革的阻力會很大。而年輕皇帝從小在深宮長大，未經過大風浪。他要求先跟宋神宗講課，讓他明白改革的道理。

不怕天變的改革家

一年之後，王安石終於接受副丞相的職位，推行改革。王安石和神宗仔細商量，推行了一系列新政策，包括修建水利工程，減輕農民經濟負擔，改善物資供應方法；在軍事上，減少軍隊人數，但加強訓練將士，同時組織人民自行保護鄉里。新法推行幾年，國庫果然多了錢，而士兵名額減去了一半！

不過，新法推行起來，確實有很大阻力。不想變革的大臣固然反對，連曾經想改革的大臣，包括王安石很多老前輩、好朋友，也來批評。

大家批評什麼呢？

王安石在青黃不接的時候，由官府貸款給農民，免得他們要借高利貸，這政策叫做青苗法。又設立官方機構調節物價：當商人、農民遠路運東西到市場，由官方按市價買入；到物資短缺的時候，就按市價賣出。這樣物價平穩，而官方可以得到利潤。叫做市易法。

這些措施都引起批評。反對派的領袖是司馬光，

就是那個小時候打破水缸救了朋友的聰明孩子，他為人正直，現在是很有聲望、資格很高的大臣，他的意見代表了許多人的想法。他認為天下的財富有限，不在百姓手裏，就在政府手裏。如果國庫不夠錢，政府就節省開支好了。要想不加稅而庫房多了錢，一定是暗地裏跟人民爭利。

王安石給司馬光寫了一封信解釋，他認為開發自然資源，改善設備，可以增加收益，而沒有傷害人民。

王安石沒料到老前輩歐陽修也加入反對。他批評政府向人民放貸的青苗法，只是為了賺錢。總之，大家覺得新政策是利字當頭，不是實行仁政。

新法推行也確實有漏洞。有些官員為了完成青苗法的工作，竟然逼人借錢。負責市易法的官方機構，又漸漸變成只顧利潤，沒有真的為農民和小商人設想。

不過，有一些立意很好的新政策，也有人用各種奇怪理由反對。例如自古以來，人民除了交稅，還要為政府辦事，叫做力役。王安石提議用錢代替力役，

讓人民可以專心做自己的本業。政府收了錢，另外請人去做工作。大才子蘇軾反對，認為農民老實，做政府的事比較可靠，如果請人來做，不知道會請了些什麼人。

又例如修建水利，增加收成，也有人反對。那個曾經用水灌入樹洞，取回皮球的聰明孩子文彥博，曾經做到丞相的高位，他就反對治理漳河。他說漳河一直好好的，至於泛濫這回事，河水不是泛向東，就是泛向西，何必要人民費氣力去改變它呢？

由於反對改革的官員太多，王安石只好提拔新人來幫忙。士大夫分成兩派，吵得不可開交。反對派領袖司馬光秉持傳統的觀念，嚴厲批評王安石破壞祖宗的規矩。他將祖宗的老方法比喻為一間房屋，如果房屋沒有壞，就不必改造它。

王安石不怕大家反對，也不怕司馬光說他不守祖宗規矩。他認為敢於承擔的改革家不管三種情況：

天變，不必怕；

祖宗的方法，不必仿效；

世俗人的話，不必去理會。

改革失敗

　　王安石不怕天變，但是宋神宗怕。從小，宋神宗就相信國家發生天災，是皇帝的罪過。他的父祖輩、老師們都這樣教他，以至他讀的書，也都說做皇帝要怕天變。你見過皇帝的詔書嗎？開頭總是寫「奉天承運，皇帝詔曰」，表示皇帝是奉了「天」的命令來治理國家的。皇帝叫做天子，國家治理得好，才配得到「天」的授權。「天」生氣了，要警告皇帝，就會發生天災。這時候皇帝就要反省悔過，改變政策。

　　今天我們都明白，天災是自然災害，跟皇帝管

理沒有關係。可是，古代的皇帝權力很大，誰來限制皇帝，讓他不敢胡作非為呢？古代很多哲學家認為是「天」。所以中國的皇帝遇上天災，都要反省過錯。連外族入侵中國，做了皇帝，也不敢反對這種思想。

很不幸，神宗和王安石改革了四五年，北方發生大旱災，很多農民餓死。有個官員把農民到處乞食的情況，畫成一幅畫，送給神宗看，神宗大吃一驚。他悄悄去吃素、祈禱、反省。他不敢告訴王安石，他知道王安石不相信天變跟皇帝的行為有關。

王安石還是知道了。他想：「皇帝的信心動搖了。除了幾個新提拔的人，朝廷裏的大臣都反對改革，連我的好朋友都反對。我老了，累了，不如回南京教書、寫作吧！」

他提出辭職。王安石離開之後，神宗讓王安石提拔上來的年輕人推行改革。只可惜有些年輕官員一心想做大官，不關心政策好壞。反對的聲音更多了。神宗只好再請王安石出來。不料，王安石做了不夠一年，又發生天變──天上出現彗星。彗星很多年才出現一次，像哈雷彗星，它們拖着長長的尾巴，飛過天

空。中國人長期觀察彗星，認為彗星出現，非常不吉利。這一次，連神宗的母親、祖母也出來反對，天天叫神宗不要用王安石。王安石提拔的年輕人，也來挑撥神宗和王安石的關係，於是王安石又辭職了。

神宗對王安石仍然很尊敬，他送給王安石一匹駿馬，讓他路上走得安安穩穩，早日回到南京。王安石也很愛惜這匹馬，他騎着馬到處去散心。後來馬死了，他十分傷心。他把坐騎換成一匹驢子。朋友勸他僱人抬轎，因為老人騎馬騎驢，不安全。王安石沒有聽，他說：「我不能把人當作牲畜來用。」

另一邊廂，沒有了王安石幫忙，神宗仍然不放棄改革。他親自推行了十年。不過，大臣經過長期互相攻擊，早已分黨分派，變成仇敵。神宗自己主持改革，也不能夠改變這種情況。最後，正當壯年的神宗，生了一場病，才三十多歲就死了。王安石聽到神宗的死訊，痛心極了。

新皇帝是個十歲小孩，反對改革的司馬光做了丞相，把各種新政策廢除了。起初王安石還不介意，到司馬光廢除免役法，王安石很驚訝，他說：「這個政

策是我和神宗皇帝商量了兩年，想得很周密，才推行的！」想起當年和神宗商量的情況，他十分傷感，低聲說：「連這個政策都要廢除嗎？不應該吧？」而曾經反對這項新法的蘇軾，這時卻認同免役法的好處，反對司馬光廢除它。

　　神宗死後一年，心灰意冷的王安石也去世了。他死後，仍然有很多人罵他。有人說他是個小人，表面樸素，內心奸詐；有人說他肆無忌憚，總要標奇立異；有人說他固執，不聽別人意見。小說家寫故事諷刺他，叫他「拗相公」。最客氣的批評者也會說他用錯了助手。

　　改革失敗了。

　　神宗和王安石死後不到五十年，外族攻入宋朝首都，俘虜了皇帝和大批官員。沒有被捉的皇族，趕快逃到南方，在杭州又做起皇帝來；南方的新首都又一片繁華；大臣仍然吵吵鬧鬧；岳飛和其他將軍想收復北方國土，始終沒辦法成功。

　　重視寫文章的科舉制度，八百多年之後才廢除；那時候，中國被迫實行翻天覆地的大變革。

認真的文學家

王安石不是一個成功的改革家。但是不愧為一個有見解、有勇氣的改革家，更沒有人敢反對他是一個優秀的文學家。

王安石第二次做丞相時，由南京出發去首都。他從京口碼頭渡過長江，去瓜州碼頭。遙望南京的鍾山，他懷念南京的清靜生活，寫下一首名詩：

京口瓜州一水間，

鐘山只隔數重山。

春風又綠江南岸，

明月何時照我還？

春風又綠江南岸，這個「綠」字不按平常文法，但是用得很生動，令人拍案叫絕。這個字，王安石改了很多次，改到「綠」字才算滿意。這個不成功的改革家，是一個認真、有成就的文學家。

忽必烈的守業和創業

忽必烈（公元1215年－1294年）是蒙古汗國第五個大汗，元朝的建立者，在位34年。

夏天開滿了金蓮花的一片草原上，有曲折的灤河流過，草原上的人叫它閃電河。這片草原上有個大城市，宮殿樓台，非常美麗，是忽必烈的王府。忽必烈把首都搬到北京之後，把這個草原上的大城市叫做上都。意大利人馬可孛羅從歐洲來中國做生意，他說在上都見過大汗忽必烈。馬可孛羅旅行中國各地，把上

都、北京和杭州、泉州描寫得像人間天堂。他稱讚忽
必烈是眾王之王，因為他的人民之多，國土之大，收
入之豐，超過古往今來世間所有君王。

　　沒有人知道馬可孛羅是不是說謊。總之，他的
故事吸引了很多歐洲人，其中一個是哥倫布。大家都
知道，哥倫布想取道大西洋來中國，無意中發現了美

洲。這就是美洲的土著為什麼被歐洲人叫做印第安人的原因，因為哥倫布以為自己到了亞洲，以為這些美洲土著是印度人。

成吉思汗的事業

草原上的民族稱領袖為「汗」。忽必烈能統治這樣大的土地，因為他繼承了祖父的汗位。

他的祖父成吉思汗天生有領袖氣質。他的性格魅力，能夠吸引人才，又有組織能力，將散漫的蒙古牧民改組成紀律嚴格的軍隊。他跟叔伯兄弟、戰友、兒子東征西討，建立了蒙古汗國，而大汗就是蒙古汗國的王。

大汗和他的兒子瓜分打下來的土地，跟功臣共享富貴。成吉思汗的子孫在瓜分的土地上建立了汗國，仍然應該聽命於大汗。而繼任的大汗也會繼續成吉思汗的戰爭事業，使蒙古貴族得到更多利益。在成吉思汗的設想裏，蒙古汗國是一體的。所以他的二兒子察合台分到中亞的土地，但是只管理北面的草原，貿易

利益最大的中亞絲路是大汗管的。他的孫子旭烈兀去西征，要由各支貴族派人組成軍隊，因為這是汗國的事業。

蒙古的統治方法

蒙古可以靠戰爭佔領大片土地，但是不能夠只靠殺人、鎮壓來治理那些本來很有歷史、很有文化的國家。成吉思汗的時代，蒙古還沒有文字，所以他是個文盲，但是他有很多博學的外族官員。成吉思汗也要求他的子孫讀書，他的後代分散在各地，讀了歷史悠久的國家的書，漸漸就接受了他們征服的國家的思想。

忽必烈的父親是成吉思汗最小的兒子。按蒙古的習慣，小兒子是繼承父親家產的，所以忽必烈的父親獲得蒙古本土的土地和軍隊。但大汗的領袖位置，就要召開大會——蒙古語叫庫里兒台，由貴族在成吉思汗的黃金家族裏推選。經過幾個大汗，汗位終於落到蒙哥的頭上，他是忽必烈親哥哥。

那時候，宋朝退縮到南方長江流域。大汗蒙哥一心要滅宋，他讓忽必烈跟隨去打宋朝。蒙哥汗又讓忽必烈管理大漠南面，包括黃河中下游的地方。忽必烈從小讀中國書，雖然不能寫，但是能講中國話。他知道自己在蒙古汗國的地位和前途，繫於這片農業發達的土地。於是忽必烈在草原南部的金蓮川，設立王府，那裏靠近北京，方便握控中原。他從中原羅致了很多管理人才，又不斷思考將來打敗南宋，怎樣治理這一大片直到南中國海的肥沃土地。

　　當時蒙古人精於軍隊組織，但國家管理很粗略，對人命也很少憐憫。他們攻城掠地，經常屠城，以恐怖效果，打擊敵人的意志。敵人越抵抗，城破的時候，殺戮就越慘，因此在他們管理下，對殺人不當一回事。

　　有一天，大汗蒙哥叫兩個蒙古官員到北京，處理財賦。這兩個官員管理了一天，就殺了二十八個人。有一個人偷了馬，已經受過杖打的刑罰，而且釋放了。怎料這時候剛巧有人來獻環刀，蒙古官為了試刀，竟然把偷馬賊追回來，把他斬殺。負責漠南事

務的忽必烈知道了這件事，就責問蒙古官：「死刑要詳細審訊才能夠定罪行刑，你們一天殺二十八個人，一定有許多人是無辜的。」他挑出偷馬賊的案件問：「你們杖打了犯人，又追回來斬頭，這是什麼刑法？」蒙古官愕然，沒法回答。

爭奪大汗之位

忽必烈獲得了漠南的軍政大權之後，用了很多漢人。他的大汗哥哥主張遵守蒙古的傳統，不學其他國家的方法，對他有點不滿。加上有人講壞話，說他對汗位有野心，蒙哥汗曾經收回他的軍隊指揮權。忽必烈用了漢人的計謀，帶了妻子兒女去蒙古大本營向哥哥表示忠心，才得到哥哥重新信任。

其實，當時除了忽必烈，有心爭取大汗之位的，還有蒙哥汗另一個親弟弟阿里不哥，以及黃金家族內眾多表兄弟。

1259年，蒙哥汗和忽必烈分別帶軍隊去攻打南宋。戰況正激烈的時候，忽必烈收到蒙哥汗在四川重

傷致死的消息。忽必烈的妻子是個能幹的女人，她聽聞留在蒙古大本營的忽必烈幼弟阿里不哥準備爭汗位，立即通知忽必烈收兵回來。忽必烈趕急回來，但沒有去蒙古大本營參加大哥蒙哥汗的喪禮。他留在自己的領地金蓮川。

按照蒙古的習慣，大汗是由各親王貴族在大會推舉，候選人必須是黃金家族的成員。忽必烈籌備一番之後，在金蓮川召開大會，有四十多個擁護他的親王出席，既有駐地在蒙古東部的，也有來自西部的。三弟旭烈兀西征到了伊朗，為了獲得忽必烈支持他建立汗國，也派人表示支持。於是忽必烈在自己的領地登上大汗之位。他按中國的方法，設了年號「中統」，當年就是中統元年。

有些親王貴族不承認他的大汗之位，他登汗位才一個月，最小的弟弟阿里不哥也在蒙古大本營召開大會，由擁護他的親王貴族推舉成為大汗。兩兄弟兵戎相見，打了四年，阿里不哥才戰敗投降。

後來忽必烈想再次召開大會，確立自己的大汗地位，但是主要的汗國都訴苦，說汗國裏有困難，沒

法派人來。不過，汗國有新的汗王時，也會請大汗確認。伊兒汗國跟忽必烈較為親近，因為三弟旭烈兀想把西征搶來的伊朗土地，由蒙古汗國的公有財產，變成他自己的地盤。事實上，蒙古汗國橫跨歐亞，大汗鞭長莫及，各汗國正逐步走向獨立自主。不要說後來的大汗了，當年成吉思汗的大兒子西征到了俄羅斯，成吉思汗召他也召不回來，弄得成吉思汗幾乎要帶兵去教訓他。

無論是大汗還是幾個汗國，受當地的影響、與當地的習慣融合，都是不可避免的現實。

開創元朝　做中國的皇帝

忽必烈鞏固了大汗之位，就回過頭來繼續攻打南宋。他還未打敗南宋，就明確表示自己要做中國皇帝。1271年，他根據《易經》，建立了元這個國號，還發表了建國號的詔書，說自己繼承堯舜、繼承隋唐，他要攻打南宋，統一中國。

要做中國的皇帝，那麼用中國的方法管理中國，

顯然無可避免。因為他面對一連串光靠戰爭手段不能解決的問題：怎樣令治下的人不反抗；在戰爭之後，怎麼恢復人口，以便恢復農業和手工業，獲得稅收。忽必烈打南宋，就接受漢人的建議，減少用屠城的威嚇方法，因為中國人激於義憤，只會更堅決抵抗。而且把人殺光，也就沒有人耕種交稅，大汗國庫空虛。

他採用了許多中國制度和法律。忽必烈不再用大會推選大汗的繼承法，他親自選定皇太子，讓他自小就受中國式經典教育。他把首都搬離草原，改到北京。用漢人大臣劉秉忠規劃，按照中國古書的理想都城模樣，在北京建了一個宏偉的城市。又用中國新近發明的紙幣。馬可孛羅見到大汗的紙可以買東西，覺得奇妙極了。他當然不知道，忽必烈的理財大臣為了搜刮錢財支持戰爭，結果濫印紙幣，弄得通貨膨脹。

可以馬上得天下，不可以馬上治天下這個道理，並不是大汗一個人的體會。因應見聞、學養的改變，他身邊的皇后、太子的價值觀也早已改變。

忽必烈的皇后察必來自蒙古東部，是他的賢內助。沒有她當機立斷，通知忽必烈北返，忽必烈未必

能夠搶在阿里不哥之前，成為大汗。她最推崇中國皇帝唐太宗，忽必烈也受她影響。皇后察必明白到環境不同，蒙古的傳統未必能夠用在其他地方。有一次，禁衛軍要求把北京城郊的農地，供蒙古人牧馬，這是破壞農業的行為。忽必烈正準備同意，皇后心裏不贊成。於是她假裝罵漢人大臣劉秉忠，説：

「你是漢人裏的聰明人，你的話大汗都會聽，你怎麼不阻止這個計劃？剛剛定都在北京時，還可以將土地用來牧馬，現在各種行業都有了發展，還去侵佔農地，合理嗎？」

忽必烈聽明白了，他既然要鼓勵農業，於是把這個計劃擱置起來。

皇后還很同情亡國被俘的南宋小皇帝和太后。蒙古軍消滅南宋，大家開心慶祝，大排筵席，只有皇后悶悶不樂。忽必烈問她：「以後不用打仗了，為什麼不快樂？」皇后説：「我聽説沒有千古之國，我希望我的子孫沒有這一天就好了。」

皇后還三番四次為亡國的太后説情，請忽必烈放她回南方，忽必烈當然拒絕了。他大概也不明白，

皇后那麼有政治頭腦，怎麼會仁慈到作這樣愚蠢的要求。

出身蒙古貴族的皇后如此，熟讀中國古書的太子更不必説了。忽必烈有時嫌太子過於漢化。

身為大汗　維護蒙古利益

忽必烈是蒙古大汗，他不想完全漢化。蒙古滅了那麼多國家，攻陷那麼多城市，殺了那麼多人，都是為了蒙古的利益。在忽必烈的元朝，蒙古貴族必須有

優先地位；第二等是來自西域的色目人——就是各種人的意思；然後是中國北方的漢人，裏面包括已經漢化的遼國和金國人；最下等的，是最後被攻陷的南宋人，被叫做南人或者蠻子。官員以蒙古人和色目人為主。不過，既然用漢法管理漢地，忽必烈不得不用漢人。有一次他用漢人做大官，蒙古外戚太不花很不服氣，説：「朝廷怎麼對得起我？漢人在朝中做事，舒舒服服，我反而要在外面勤苦做事！」後來忽必烈委任一個南人做丞相，惹得蒙古貴族更不滿。

不過，他忙於和阿里不哥爭汗位的時候，有漢人官員造反，令忽必烈很生氣，在軍事上對漢人南人特別防範。漢人不能帶領蒙古軍隊。漢地和江南的兵器被他全部沒收，分為三等，下等的銷毀，中等的賜給住在附近的蒙古人，上等的收入武器庫，由地方長官掌管。如果地方長官是漢人和南人，就不能管理武器庫。

即使這樣，仍然有留在草原生活的親王貴族不滿意。曾經有西北的親王入朝，揚言蒙古傳統與漢法不同，為什麼大汗要留在漢地，建都城，用漢法？忽必

烈做了大汗多年，仍然無法減低他們的敵意，尤其是西北的貴族。反對者軍力強大，連他派去鎮守西北、伺機進攻的小兒子都俘虜了，送去俄羅斯，扣留快十年才放回來。直到忽必烈六十七歲，仍然有蒙古貴族以他重視農業、不守蒙古遊牧傳統，跟他大動干戈。

忽必烈這個蒙古大汗和中國皇帝就是在傳統和漢化裏，不斷學習，不斷搖擺，不斷嘗試，企圖維持微妙的平衡。

他的壯志和憂愁

忽必烈壯年時已時常腳痛，到老年更甚，可能是患了痛風這種帝王病、富貴病。但他是一個精力旺盛的領袖，一生東征西討，從沒有停。滅了南宋，得到大片富庶的土地，他還要去打朝鮮半島、日本，進兵東南亞，甚至打到爪哇。為蒙古汗國開闢疆土，是他的使命。但是蒙古人的輕騎兵所向無敵，水軍卻是他們的弱項，海上作戰就更沒把握了。他的軍隊打到日本，但被颱風弄到全軍覆沒，日本人喜出望外，稱那

風暴為神風。他攻打爪哇，也受制於海軍的能力。

　　為了籌得龐大軍費支持戰爭，他任用色目人財政大臣搜刮錢財。太子則支持漢人官員，主張行仁政。兩父子有時並不一心一意。他深愛的皇后察必，比他早死。他和察必的兒子真金太子，竟然也英年早逝。繼承計劃打亂了，留下他一個人支撐這個龐大的帝國。幸好他發現真金太子有一個聰明的兒子，終於在他有生之年，指定這個孫子繼承他大汗之位。

　　忽必烈守着爺爺成吉思汗的祖業，雖然不免更改蒙古傳統，但算得上盡心盡力；他開創了新事業，成立了元朝，雖然施政有許多不足，貪官污吏橫行，窮人生活痛苦，但是龐大的帝國讓交通流量大增，人才往來頻繁，中西學問互相影響，令元朝在人類歷史上，有相當的地位。

　　忽必烈的英名透過馬可孛羅的遊記傳到歐洲。後來英國詩人柯律治，寫了一首名詩《忽必烈汗》，從此元上都在英文裏稱為仙樂都（Xanadu），被當作人間天堂。

孫中山的現代化計劃

孫中山（1866年－1925年），領導辛亥革命，推翻清朝統治，被尊稱為「國父」。

1911年，中國實行了二千年的皇帝制度被推翻了，中國成為亞洲第一個民主共和國！全世界的報紙爭相報道。領導這場革命的孫中山，跟根基雄厚的清朝比起來，可以說是螳臂擋車。他沒有錢，沒有軍隊，奮鬥十七年，竟然成功了！

　　人人都把推翻清朝，視為他的巨大成就，孫中山卻感到很難過。因為他的理想不止是推翻清朝，而是想趁這良機，一舉將中國建設成為獨立、富強、安樂、民治的國家。沒有想到，這個目標比推翻清朝更難。為了這個目標，他歷盡艱辛，百折不回，奮鬥了一生。

農村小商人的兒子

　　孫中山出生在廣東香山的翠亨村，是一個農村小商人的兒子。因為孫中山的成就，香山後來改名為中山。

　　翠亨村是個淳樸又閉塞的小地方，村民連香山縣城也很少去。廣東人說山高皇帝遠，翠亨村距離北

京的皇帝實在很遠，但是距離港口卻很近。孫中山小時聽説過港口停着洋船，也聽海外謀生回來的人的故事。他還親眼見過海盜搶劫華僑的大屋，用厲害的工具撞開堅固的牆門。

由於人口多，工作機會少，廣東沿海很多人去海外謀生，孫中山的哥哥也跟着舅父去了夏威夷。夏威夷羣島在浩瀚的太平洋的中間，當時還不是美國的領土，但是有很多美國人在那兒生活。哥哥在夏威夷開荒種田，開公司，從窮小子變成富人，孫中山盼望有一天他也能夠去那裏。1879年他十三歲，經過多次央求，終於能夠跟着母親出發去夏威夷。

他很愛他的故鄉。雖然他不滿意故鄉的迷信、纏足、賣兒女的風俗，對他認識的富有三兄弟被官員誣害很反感，但是，到這個時候，他從未聽説北京是皇帝權力的中心，更沒有想過要推翻皇帝。

第一次離鄉別井，他很想家，但坐上鐵造的大船，飄洋過海，見到種種機器，又覺得很新奇。他開始思考外國人有什麼值得學習的能力。

去到夏威夷，他先在哥哥的商店做店員，然後進

了教會學校，學英文和科學，還有《聖經》。夏威夷的生活安穩富裕，沒有海盜和重稅，也沒有官員敲詐富戶。他認為是美國人帶來的，於是他開始讀美國歷史。他認為美國是自由的地方，而中國急需的，就是美國式的法律。

教會學校的教育讓他相信基督教，但是他的哥哥非常反對，決定把他送回故鄉。

醫生上書談國家大事

孫中山回到翠亨村，思想沒有改變，他開始跟朋友談到怎樣改革中國。有一次，他和好朋友決心要破除迷信，於是到村裏的神廟，拗折神像的手指。村人怒罵他不敬神明，儘管他的父親趕快賠錢維修，孫中山的行為依然不容於鄉里，於是他轉到香港讀中學，這一年他十七歲。

中國跟英國打仗，已經敗陣兩次，香港和九龍就是這樣割讓給英國的，他於是醒覺到英國人就守候在中國的大門旁。在香港的時候，中國又跟法國在越南

打仗。這次戰勝了，卻仍然要賠錢。孫中山為國勢衰弱而氣憤，又痛心中國人對外國一無所知，他繼續找志同道合的朋友大談革命。為了革命，他決定中學畢業之後學醫，以掩飾革命工作。

他在廣州行醫，又開藥店。但他不太管藥店，偶然請一個有志革命的朋友去照看一下。有一天，藥店店員說孫中山失蹤了。朋友等了好多天都沒有孫中山的消息，心急如焚。原來他跑回鄉下閉門寫文章，等他再出現時，手裏拿着一卷給朝廷重臣李鴻章的文章。

他希望說服李鴻章，光靠船堅炮利不能令中國富強。他認為根本方法是辦許多學校，讓人盡其才；大力發展新式農業，使地盡其利；破除迷信，發展水力發電等科技，使物盡其用；發展交通網絡，使貨暢其流。

一個二十八歲的廣東青年，藉藉無名，怎麼見到李鴻章呢？孫中山跑到上海，找了一個同鄉鄭觀應。鄭觀應很早就寫過書，提出要學西洋，有些名聲。他給孫中山穿針引線，於是孫中山到天津，透過李鴻章

一個下屬，交上建議書。

　　這一年是1894年，日本進軍朝鮮，準備跟中國打仗，形勢很緊張。李鴻章的艦隊將是作戰的主力，他沒有工夫研究孫中山的建議書。孫中山很失望，他下定決心要革命。不久，李鴻章的艦隊大敗給新崛起的日本，中國要賠錢，並且割讓台灣，全國震動。

革命之難

　　孫中山和朋友沒有錢，沒有軍隊，怎麼革命呢？孫中山向華僑宣傳，不過當時華僑同情革命的不多。無論如何，就在見李鴻章之後一年，他們籌集了一些錢，在廣州籌劃了第一次行動。結果行動失敗，一個好朋友犧牲了，政府到處通緝孫中山。孫中山只好逃亡到日本，再轉到美國、英國和歐洲，繼續宣傳革命，籌錢買武器，支持起義。

　　十多年裏，革命黨人在南方不斷策動起義。同一時間，清朝政府越來越腐敗，老太后堅持不肯改革，竟然支持北方農民用拳頭和刀槍對抗西洋人，引起八

國聯軍攻入北京，搞得國家大亂，最後中國答應向八國賠償天文數字的一筆大錢。人民越來越失望，開始支持革命，連清政府軍隊裏面也有人暗中加入革命黨。

1911年春天，革命黨人在廣州再發動起義，年輕的革命志士前仆後繼，不少被殘殺，後來埋在黃花崗。這次黃花崗之役，令全國同情革命的聲音高漲，終於在這一年的10月10日，武漢的軍隊起事，得到很多省分響應，革命成功了。這時候，孫中山還在外國宣傳和籌款，聽到消息，才趕回中國。經過談判，清政府同意結束帝制。

第二年，中華民國成立，他就任臨時大總統。

但是中華民國的基礎很薄弱。清朝的談判代表袁世凱掌握軍權，他假裝同意民國的主張，要求由他做總統。孫中山同意讓位，他以為國會有了，臨時約法也有了，他也為中國的政治制度和社會建設畫好了藍圖，他的革命同志和國民應該知道下一步做什麼。他樂觀地設想，自己不做總統可以集中精力做建設，使中國由農業國變成工商業國家。鐵路是這建設事業

的藍圖上的第一件事，於是他自請做了建造鐵路督辦。他很認真地到武昌和廣東各地考察，因為革命十多年，他沒法踏足這些地方。他帶着滿腦子方案，回北京跟新總統商量鐵路大計，卻發覺新總統一點不積極。這時候袁世凱心裏想的，是怎樣做皇帝。

就為了軍人這揮之不去的皇帝夢、權位夢，民國頭十多年，就是軍閥混戰的局面。孫中山和革命者發動了兩次反抗，袁世凱的皇帝夢才沒做成，氣死了。他一死，他手下的軍閥和各地方的將領又出來爭

地盤。那十多年裏，軍閥各自跟不同國家借錢，抽人民重稅，用來買武器打仗，勝利的就控制政府。北京的政府像走馬燈一樣，時常換人。國會選舉充滿了賄賂、陰謀。人民對政治厭惡極了，都叫孩子不要碰政治。在這種形勢下，別說建設，人民連生活都有困難。

廣東是孫中山的家鄉，為了和北京的政府對抗，他在廣州另設政府。他要求外國不要借錢給軍閥，不要承認北方的政府。可是，他有什麼實力呢？他的政令出不了廣州城，外國又怎會聽他的？連他的廣東鄉親父老也叫他「孫大炮」，認為他大話連篇。

更大的困難在後頭

面對民不聊生的局面，孫中山難以入睡，時常夜半起來感歎：「沒想到我推翻了清朝的專制，會轉生出無數強盜的專制，毒害比從前更烈，令人民更痛苦。」他焦慮不安：「這跟我的革命初衷，真是大相違背啊。」

更使他歎息的是支持他革命的同志，沒有幾個明白他的建設藍圖。自從推翻清朝，他們鬆懈了，他們的眼光跟不上，都說孫中山的政治建設和經濟建設計劃太理想，太難，實行不了。

在他的人民治國藍圖裏，他主張建立地方自治，由選縣長，進而選省長，進而派代表參加國會，但是軍隊盤據，蹂躪地方，建設沒法展開。

他主張北伐，推翻軍人政府。但是支持他的南方省分軍人三心兩意，甚至自己跟北方政府談判，每當他督師北伐的時候，就來拖他後腿。又在廣東各地駐紮軍隊，自己收稅，不把錢交給他。

有一次他召集這些將領沉痛地說：「我沒有實力，是你們自誓要實心實意擁護我，實行我的主義，我感激你們，才決心回來廣東的。誰知你們打着我的旗號，魚肉我的鄉人。如果對國家有益，我是革命者，不惜犧牲，也可以約同廣東的父老兄弟一齊犧牲。但是你們做的事，於國無益，我不能跟你們一起了。」

將領們當面都說以後會服從他，轉過身去，又故

態復萌了。這些將領橫蠻到什麼程度呢？因為反對北伐，曾經參加過黃花崗之役的軍人陳炯明，甚至讓部下包圍總統府，炮轟孫中山住的地方。

在政治上沒法作為的時候，他跑到上海，靜心讀書，完善他的經濟建設藍圖。他用英文寫成《實業計劃》，提出開發港口、鐵路、公路、水利各種計劃。為什麼用英文寫呢？因為他希望跟外國一同開發，借助外國的資本和技術，發展中國的基礎建設和工業，讓雙方都得益。他把計劃送去給美國總統，但是誰會聽一個沒有實力的書生講話呢？他的計劃還未交到美國總統手上，就打進了冷宮。

孫中山深感建設一籌莫展，本來百折不回的心，也幾乎冰消瓦解。

他又回到廣東，重整北伐的計劃。他決定向外國人拿回應有的錢，支持北伐。原來，那時候中國的海關收入，是由外國人控制的。因為清朝連吃敗仗，要賠很多錢，外國要求中國用關稅做抵押，中國的稅務官要由外國人來做。他們收到貨物進出口關稅，先用來賠償，餘下的才交給中國政府，叫做關餘。廣州是

對外貿易的重要港口，關稅多。孫中山想，廣東的關餘交到北京，結果北方政府用來買武器對付他，於是他要求廣東海關的外國稅務官交出關餘。北京的外國人總稅務官拒絕他這個要求，於是1923年底孫中山強行接收了廣東海關。

這真是捋虎鬚的行為。那些把軍艦停泊在中國外面的國家，立即把四十多艘軍艦駛到廣州，用大炮瞄準廣州城，連孫中山向來寄予厚望的美國和法國也有軍艦參與。但是孫中山很鎮定，他單憑民氣和公理堅定地應對外國的大炮。他寫信給英國首相，指責英國人為了做生意，以軍艦威脅中國。又跟前來調停的美國公使說，美國如果真心誠意想平等對待中國，就應該交還在上海、武漢等地的美國租界，而不是交給其他國管理，自己假裝沒事。

奔走國事的最後努力

孫中山一直要求兩件事，一是召開國民大會，解決中國的內亂；二是要求外國廢除加諸中國的種種

不平等條約，就是因為這些不平等條約，中國才要賠錢，無法控制自己的關稅。外國在中國還有「治外法權」，中國政府不能夠審判外國犯人，所以外國人在中國橫行霸道，氣燄很高。

讓他無奈的是英國固然不肯廢除不平等條約，連幫助過他革命的日本，以及他視為自由土地的美國和法國，也不肯讓步。1917年俄國發生革命，由共產黨建立的新政府，聲稱廢除對中國的不平等條約。這好像是一絲曙光，孫中山給新政府發電報祝賀。但他擔心共產主義太理想化了，不適合中國，他靜觀其變。1918年第一次世界大戰結束，德國戰敗，他認為德國也變成被英法壓迫的民族，於是想聯絡德國和俄國合組聯盟，沒有成事。

在孫中山內外碰壁的1923年，他見到俄國的共產主義政府調整了經濟政策，他認為新政策比較現實，不那麼奢言共產理想。俄國也派代表來接觸他，對他主張的民族、民權、民生主義表現得很尊重，而且答應派出人才，拿出金錢，幫他籌劃改組國民黨，建立黃埔軍校。於是，他嘗試借助俄國的力量，支持

他的革命事業。1924年，在國民黨員還意見紛紜的時候，孫中山宣布實行「聯俄」政策。

這一年，北方政府也換了新人，新政府請他到北京商量國事。1925年，孫中山抱着召開國會、廢除不平等條約的兩大主張，一路勞碌，來到風雪中的北京。誰知還未談判，他先病倒了，醫生診斷他患的是末期肝癌，不久於人世。

他在病中清醒的時候，簽署了國事遺囑，指革命尚未成功，同志應該按他的三民主義規劃，繼續努力。彌留之際，他講不出話，只能夠喃喃地反覆説着幾個詞語：「和平」、「奮鬥」、「救中國」。

孫中山帶着他的愛國心離開了，而和平之路距離中國依然很遙遠。

中國人的故事
領袖和改革家的視野

作　　者：張倩儀
繪　　圖：野人
主　　編：張倩儀
責任編輯：甄艷慈　周詩韵
美術設計：何宙樺
出　　版：新雅文化事業有限公司
　　　　　香港英皇道 499 號北角工業大廈 18 樓
　　　　　電話：(852) 2138 7998
　　　　　傳真：(852) 2597 4003
　　　　　網址：http://www.sunya.com.hk
　　　　　電郵：marketing@sunya.com.hk
發　　行：香港聯合書刊物流有限公司
　　　　　香港新界大埔汀麗路 36 號中華商務印刷大廈 3 字樓
　　　　　電話：(852) 2150 2100
　　　　　傳真：(852) 2407 3062
　　　　　電郵：info@suplogistics.com.hk
印　　刷：中華商務彩色印刷有限公司
　　　　　香港新界大埔汀麗路 36 號
版　　次：二〇一六年六月初版
　　　　　10 9 8 7 6 5 4 3 2 1

版權所有 · 不准翻印

ISBN: 978-962-08-6575-6
© 2016 Sun Ya Publications (HK) Ltd.
18/F, North Point Industrial Building, 499 King' s Road, Hong Kong
Published and printed in Hong Kong